TOKIO
DE CERCA

BRANDON PRESSER
WENDY YANAGIHARA

Tokio De cerca
3ª edición en español – mayo del 2012

Traducción de *Tokyo Encounter*,
3ª edición – diciembre del 2011
1ª edición en español – enero del 2008

geoPlaneta
Av. Diagonal 662-664. 08034 Barcelona
viajeros@lonelyplanet.es
www.geoplaneta.com - www.lonelyplanet.es

Lonely Planet Publications (oficina central)
Locked Bag 1, Footscray, Melbourne, VIC 3011, Australia
☎ 61 3 8379 8000 - fax 61 3 8379 8111
(oficinas también en Reino Unido y Estados Unidos)
www.lonelyplanet.com - talk2us@lonelyplanet.com.au

Editorial Planeta, S.A.
Con autorización para la edición en español de Lonely
Planet Publications Pty Ltd A.B.N. 36 005 607 983, Locked
Bag 1, Footscray, Melbourne, VIC 3011, Australia

ISBN: 978-84-08-10912-9
Depósito legal: B. 9.765-2012

Esta tercera edición de *Tokio de cerca* fue escrita y documen-
tada por Brandon Presser. Wendy Yanagihara escribió las dos
ediciones anteriores.
© Textos y mapas: Lonely Planet, 2011
© Fotografías: 2011, según se relaciona en cada imagen
© Edición en español: Editorial Planeta, S.A., 2012
© Traducción: Raquel García, 2012

Impresión y encuadernación: Unigraf, S. L.

Printed in Spain – Impreso en España

CÓMO UTILIZAR ESTA GUÍA

Código de colores y mapas
Los símbolos de los planos y el texto al que se refieren
utilizan un determinado código de colores (p ej. los locales
donde comer llevan el símbolo de unos cubiertos verdes).
También cada barrio tiene su color, que se utiliza en el
lateral de la página y a lo largo del capítulo dedicado
al mismo.

Precios
Cuando en el precio aparecen varias tarifas (p. ej. 10/5 €
o 10/5/20 €), estas indican precios para adultos/niños,
adultos/reducida o adultos/niños/familias.

BRANDON PRESSER

Tokio ocupa un lugar muy especial en el corazón de Brandon desde hace mucho tiempo. Cuando estudiaba en la Universidad de Harvard escribió su tesis sobre la fascinante y variada arquitectura comercial de la ciudad, y desde entonces ha colaborado con muchos arquitectos japoneses a lo largo de su carrera profesional. Hoy, Brandon forma parte de las filas de los eternos nómadas –viaja por el mundo, bolígrafo en ristre– y ha colaborado en más de veinticinco títulos Lonely Planet, desde *Islandia* hasta *Tailandia,* pasando por muchos países intermedios.

AGRADECIMIENTOS DEL AUTOR

Ante todo quiero dar las gracias a mi querido amigo Misa; ¡sin ti no habría podido hacer todo esto! Un agradecimiento muy especial a Ariel, Naomi, Taro, Makoto, Cecile, Marissa, Aiko, BAPE, la JNTO, mis tres voces locales, Kikuchi Rinko, Shimizu Takashi y Terrie Lloyd, y a todos los que encontraron un momento en sus ocupadas agendas para ayudarme con esta guía.

Agradecimientos a los lectores Gracias a los viajeros que escribieron a Lonely Planet para enviar información, consejos útiles y anécdotas interesantes, incluidos Ching-Li Tor y Evi de Maeyer.

Fotografía de cubierta Mujer ante la escultura *Garyu no mon* de Keisen Hama en el vestíbulo del Peninsula Hotel, Will Robb/LPI.

Carteles de neón en la concurrida Yasukuni-dōri, Shinjuku.

SUMARIO

Nuestros autores son viajeros independientes que se entregan por completo a su trabajo. Sus métodos de investigación no se limitan al teléfono y a internet, ni aceptan regalos a cambio de reseñas favorables, así que sus opiniones son fiables, argumentadas e imparciales. Viajan con plena libertad, visitando personalmente cada lugar, y se enorgullecen de conocer y transmitir fielmente todos los detalles.

INTRODUCCIÓN

La vida en Tokio funciona como una maquinaria bien engrasada, con una energía casi maniática y una imparable obsesión por lo nuevo. Las modas mueren en cuanto la ropa se cambia en los escaparates y los *keitai* (teléfonos móviles) se renuevan por los de última generación. Y, sin embargo, mientras los elegantes y tecnológicos tokiotas se agolpan en las estaciones de metro, esta cosmópolis hiperurbana sigue conservando su lado tradicional, que no es obvio en un primer momento.

Bajo el evidente consumismo de sus distritos comerciales y las relucientes fachadas contemporáneas, Tokio emite inesperados destellos de su cultura más ancestral. En un templo *shintō* al otro lado de la ciudad, un hombre compra un papelito de la fortuna y, después de leerlo, lo ata a una cuerda donde muchas otras predicciones susurran como la brisa entre las hojas. En un *sentō* (baños públicos) de Asakusa, una mujer mayor se sumerge en el agua con su pequeña nieta, igual que hacía ella con su abuela.

La vitalidad única de Tokio surge del cruce entre lo nuevo y lo largamente consagrado. Es, al mismo tiempo, el manantial del que se nutre la cultura pop japonesa y un lugar donde el patriarcado de la familia imperial es una institución indiscutible. Los japoneses inconformistas se refugian aquí, aunque es un lugar donde la individualidad a menudo va unida a una identidad de grupo más antigua, una metrópoli donde las normas sociales y las buenas costumbres acaban explotando en forma de arte vanguardista, música e inventos como el "cojín brazo de novio". Incluso la cultura pop, como el *manga*, que arrasa en todo el mundo, está basado en el *ukiyo-e* (pinturas del mundo flotante) del período Edo. Los modernos engranajes de esta intrigante ciudad giran y giran, pero la maquinaria básica continúa fiel a sus orígenes.

Arriba, izda. Boda tradicional en Meiji-jingū-gyoen (p. 103). **Arriba, dcha.** Sombrero y sandalias típicos. **Abajo** Colegiales atan sus "fortunas" en el templo Sensō-ji (p. 149).

>IMPRESCINDIBLE

ANTHONY PLUMMER / LONELY PLANET IMAGES ©

Mirando hacia la torre Roppongi Hills entre las arácnidas extremidades de *Maman*, de Louise Bourgeois (p. 72).

>1 LOS GRANDULLONES

DIVERTIRSE CON EL SUMO, UN AUTÉNTICO RITUAL DE DESTREZA ATLÉTICA

Muy ceremonioso y más gimnástico de lo que pueda parecer a primera vista, el sumo es un espectáculo impresionante que no hay que perderse si se visita Tokio en temporada de torneos. Relacionado con los rituales propios del sintoísmo, el sumo se originó hace unos dos mil años, pero se convirtió en un deporte popular por derecho propio en el s. XVII. Su lenguaje visual está inspirado en motivos e ideas sintoístas, desde el esparcimiento de sal hasta la estructura y la decoración del *dōyō* (el área circular donde se practica).

Las reglas son simples: el *rikishi* (luchador) que consigue que cualquier parte del cuerpo de su oponente, excepto los pies, toque el suelo dentro del *dōyō* o lo empuje fuera del *dōyō,* gana. Aunque los *rikishi* puedan parecer niños con esteroides, esas prodigiosas cantidades de carne ocultan unos músculos poderosos.

Los torneos, o *bashō*, de Tokio tienen lugar en el pabellón deportivo Ryōgoku Kokugikan (p. 64) en enero, mayo y septiembre. Aunque los mejores asientos en primera fila los compran quienes tienen los contactos apropiados, los palcos para cuatro personas son una buena opción para ver el sumo con estilo, porque incluyen un servicio de comida y té atendido por camareros vestidos con *happi* y sandalias de paja.

NORMAS DENTRO DEL CÍRCULO

El ritual del sumo comienza cuando el vencedor del último encuentro ofrece un cazo de madera lleno de agua al nuevo *rikishi* (luchador) para realizar una limpieza simbólica. Antes de entrar en el *dōyō*, cada *rikishi* toma un puñado de sal gruesa y la esparce ante él para purificar el área de lucha. Entonces, agachados frente a frente en lados opuestos del *dōyō*, estiran los brazos a los lados del cuerpo, con las palmas de las manos hacia arriba, simbolizando el deseo de un enfrentamiento limpio. Siguen unos minutos en los que los contrincantes se miden, se dan palmadas intimidatorias en el estómago y las piernas, y se miran fijamente mientras adoptan la posición de combate. La lucha no comienza hasta que ambos *rikishi* hayan apoyado los puños en el suelo.

>2 HARAJUKU Y OMOTE-SANDŌ

EJERCER DE 'VOYEUR' DE LA MODA EN URA-HARA

La cantante pop Gwen Stefani dijo una vez que la vibrante moda de las calles de Tokio era "un paraíso en el que las pasarelas habían fijado la vista", y tenía razón. Ir de compras es un pasatiempo nacional –o un deporte de competición– en el que los bolsos Gucci y las gafas de sol Chanel son a la vez elegantes accesorios y el recuerdo de un agitado día de compras. Por caóticos que parezcan los atuendos de los japoneses, están pensados hasta el último detalle, desde la forma en la que una colegiala se prende el imperdible de su falda de tartán hasta el elaborado mechón zigzagueante de color fucsia que remata un tocado de estilo mohicano. Esta obsesión por la moda se traduce en una impresionante colección de tiendas que parecen monumentos a las marcas que las habitan. Mientras grandes nombres como Vuitton, Dior y Prada se alinean en Omote-sandō, los estudios y las *boutiques* de Ura-Hara (p. 102, las calles secundarias de Harajuku) representan el espíritu alternativo. En las callejuelas a ambos lados de Omote-sandō se hallan las *boutiques* y tiendas de segunda mano. Más al sur, Aoyama (plano pp. 104-105) atrae compradores de gustos más caros y sofisticados.

MARK HEMMINGS / LONELY PLANET IMAGES ©

> 3 LONJA DE TSUKIJI

ESQUIVAR PECES VOLADORES EN EL FAMOSO MERCADO DE PESCADO

Se recomienda estar presente en las subastas de atún y quedarse para el desayuno de *sushi*. Antes de convertirse en un plato de *sashimi,* una gran parte del pescado y marisco de Tokio pasa por la lonja de Tsukiji (p. 51). Este gigantesco núcleo gastronómico palpita a un ritmo frenético. Los trabajadores gritan, cortan bloques de hielo, transportan enormes cantidades de atún, escupen, paran a fumar y gritan un poco más. Al mirar el trabajo duro y eficaz de estos hombres y mujeres se entiende de donde salió toda la energía que hizo que, en menos de doscientos años, Tokio pasara de ser un pantano a una de las ciudades más impresionantes del mundo. Hay que aprovechar ahora para verlo; está previsto que el mercado se traslade a Toyosu en el 2012.

Es mejor ir temprano para ver la llegada del pescado antes del amanecer y la subasta al por mayor; hasta alrededor de las 7.00 se puede ver movimiento y compra-venta de partidas.

Después se puede curiosear por las callejuelas de los alrededores, donde pequeños tenderetes ofrecen cerámica, utensilios de cocina, cubertería y alimentos envasados por mucho menos de lo que se paga en los supermercados.

KRZYSZTOF DYDYNSKI / LONELY PLANET IMAGES ©

IMPRESCINDIBLE

>4 GOLDEN GAI

TOMAR UNA COPA AL ANOCHECER EN LOS CALLEJONES MÁS AUTÉNTICOS

Resistiendo tenazmente a la sombra de los rascacielos que las rodean, las angostas calles de Golden Gai son una anomalía rebelde en una ciudad completamente obsesionada con convertir lo viejo en nuevo. Llenos de minúsculos y excéntricos bares, estos callejones se despiertan cuando se pone el sol y las luces de la ciudad empiezan a brillar. Vagando por este pequeño laberinto a medianoche se tiene la sensación de haber viajado a una época remota.

A medida que los antiguos propietarios se jubilan, muchos de estos bares son tomados por las nuevas generaciones, que los reconvierten con su propio estilo creativo pero conservando su espíritu de locales de barrio. En algunos de estos establecimientos, los extranjeros (o incluso los clientes no habituales) no son bien recibidos, pero en los que sí lo son merece la pena pararse a tomar una copa.

Véase también p. 128.

GREG ELMS / LONELY PLANET IMAGES ©

>5 MUSEO GHIBLI

DESAPARECER POR ARTE DE MAGIA EN EL MUSEO DEL MAESTRO DEL 'ANIME' HAYAO MIYAZAKI

Paisajes surrealistas, objetos antropomorfos y espíritus conforman los fascinantes mundos de las películas de animación de Miyazaki, donde la narración es tan apasionante como la animación, de factura exquisita. Y si bien las tramas están dirigidas a niños, están lejos de ser edulcoradas o condescendientes; pintan el mundo de los niños como algo complejo pero lleno de esperanza.

El testamento en vida de esta mentalidad, el museo Ghibli, hace las delicias de los visitantes, con su autobús-gato (véase abajo), sus habitaciones y torres enanas, una sala de proyección y un íntimo estudio del artista, del que cualquiera diría que acaba de salir el animador dejando el trabajo a medias sobre la mesa. Las paredes están empapeladas con dibujos del propio Miyazaki, mientras que las pinturas, los juguetes y los viejos proyectores hacen del estudio una encantadora leonera. Las propias entradas incluyen un acetato original de una película del Estudio Ghibli.

Véase p. 121 para información sobre las entradas.

TWPHOTO / CORBIS

IMPRESCINDIBLE

>6 TOKIO SKY TREE

VER LOS INTENTOS DE TOKIO POR BATIR RÉCORDS DE ALTURA CON SUS TORRES QUE ROZAN EL CIELO

Tokio ha vuelto a la carga en su empeño por aparecer en las listas de superlativos mundiales. Después de que la torre de Tokio superara a la torre Eiffel a finales de los años cincuenta, la ciudad tiene un nuevo reto de altura. Con sus 634 m, la Tokyo Sky Tree (www.tokyo-skytree.jp/english/), obra de Nillen Sekkei, será técnicamente la torre más alta del mundo (pero no la estructura más alta, un título que sigue ostentando el Burj Khalifa de Dubái) cuando se inaugure en la primavera del 2012. Cuenta con dos puestos de observación (a 350 y 450 m de altura) y hay planes para crear un centro comercial en la planta baja con decenas de tiendas, un acuario y un planetario. El principal objetivo de esta construcción es situar de nuevo a Tokio en el mapa tras una etapa en las sombras mientras otras capitales asiáticas avanzaban. Pero, además, la torre reorientará la ciudad, aportando un nuevo dinamismo a los barrios de *shitamachi*, pues se alza entre antiguas casas de madera y templos ocultos.

IPPEI NAOI / GETTY IMAGES

>7 MUSEO EDO-TOKIO

SORPRENDERSE CON LA EVOLUCIÓN DE LA CIUDAD A TRAVÉS DE REPRESENTACIONES Y MAQUETAS

El exterior moderno pero de inspiración tradicional del Museo Edo-Tokio (p. 64) oculta y refleja al mismo tiempo lo que se encuentra en su interior: muestras que ilustran cómo Tokio se erigió a partir de la humilde ciudad ribereña de Edo hasta la megalópolis futurista actual. El trazado del museo incluye una réplica en tamaño real del puente de Nihombashi que sirve como separación entre las recreaciones del período Edo y las de la era Meiji.

Hay reconstrucciones a tamaño natural de talleres y casas típicas de madera que representan escenas de la vida cotidiana y complicadas maquetas a escala de los alrededores de Nihombashi, el mercado y la residencia de un *daimyō* o señor feudal. El museo alberga ejemplos de los pozos de madera y las tuberías que conformaron el primer sistema de tratamiento de aguas de la ciudad original. También se pueden contemplar maravillosos quimonos lucidos por cortesanos que ya entonces marcaban estilo. No hay que perderse la miniatura animada de un teatro *kabuki* que muestra cómo se creaban ingeniosamente los efectos especiales.

Las exposiciones sobre el período Meiji denotan la influencia de la cultura internacional con fotografías, maquetas y presentaciones multimedia, y hay una colección exhaustiva dedicada al gran terremoto de Kantō de 1923.

Mientras se está aquí, es buena idea visitar el Ryōgoku Kokugikan (p. 64) y realizar el circuito autoguiado del *beya* (recinto de sumo) local.

GLOWIMAGES / GETTY IMAGES

IMPRESCINDIBLE

>8 DE COMPRAS EN GINZA

MIRAR ESCAPARATES POR LOS BULEVARES DE GINZA

El *glamour* de Ginza es equiparable al de la Quinta Avenida neoyorquina. Aquí se encuentran algunos de los inmuebles más caros del planeta y en sus bulevares despliegan sus encantos pesos pesados como Chanel, Tiffany, Hermès y Louis Vuitton. Ginza no se avergüenza de exhibir su estatus, como tampoco las mujeres que compran aquí, que lucen bolsas con marcas de diseñadores.

Pero ir de compras en el barrio no es solo para la élite, porque entre los comercios que venden *haute couture* se encuentran también maravillosas papelerías que ofrecen plumas estilográficas y pañuelos teñidos a mano, grandes almacenes que ofrecen irresistibles *depachika* (secciones de alimentación) y tiendas de artesanía con artículos típicos y tradicionales de Tokio.

Y tampoco se trata únicamente de comprar; lujosos estímulos visuales llenan las abundantes galerías de arte y fotografía que se hallan en la zona y los restaurantes cumplen las expectativas de quienes se acercan por el barrio.

Los fines de semana son particularmente sosegados ya que Chūō-dōri y otras calles más pequeñas se cierran al tráfico rodado, lo que permite ver por el concurrido bulevar a niños y señoritas vestidas con quimono paseando tranquilamente.

Véase también p. 52.

ATLANTIDE PHOTOTRAVEL / CORBIS

>9 ŌEDO ONSEN MONOGATARI

EMPAPARSE DE LA ATMÓSFERA DEL PERÍODO EDO EN UN AUTÉNTICO 'ONSEN'

Diseñado como un pueblo del período Edo, este *onsen* auténtico se nutre de aguas minerales situadas 1400 m por debajo de la bahía de Tokio. Es el sitio ideal para una primera experiencia *onsen*. Al entrar, el viajero podrá elegir entre *yukata* de varios estampados –no hay que olvidar el folleto que explica cómo ponérselo y atárselo–, y después pasará a un bonito espacio de madera con cientos de visitantes ataviados para la ocasión y todo tipo de diversiones: comediantes, una sala con TV y una zona donde sirven fideos entre baño y baño en las distintas bañeras (separadas por sexos, claro está). En el exterior hay un baño de pies mixto en un riachuelo que, con la luz de media tarde, transporta a los más románticos a tiempos pasados. Las piedras irregulares colocadas en el riachuelo maximizan los efectos beneficiosos del baño según los principios de la reflexoterapia.

Es un sitio ideal para ir en pareja, con amigos y en familia. Y aunque el viajero no sea fan de los *onsen* podrá hacerse una idea de cómo se aprovechaba el tiempo libre siglos atrás. Véase también p.159.

ANTHONY PLUMMER / LONELY PLANET IMAGES ©

IMPRESCINDIBLE

>10 MEIJI-JINGŪ

RODEARSE DE SERENIDAD Y MAGNIFICENCIA EN EL SANTUARIO DE MEIJI-JINGŪ

Sin duda Meiji-jingū (p. 103) es el templo *shintō* más espléndido de Tokio y probablemente de Japón. Pasando bajo las *torii* (puertas), uno se adentra en los silenciosos jardines hasta llegar al simbólico dominio de los *kami* (dioses). El santuario se terminó de construir en 1920 en honor al emperador Meiji y la emperatriz Shōken, bajo cuyo mandato Japón dejó de estar aislado del mundo exterior. Desafortunadamente, como gran parte de Tokio, fue destruido por las bombas incendiarias de la Segunda Guerra Mundial, pero en 1958 se volvió a levantar cerca de Yoyogi-kōen (p. 107). El actual es una réplica que conserva todas las características del auténtico: el edificio principal con cipreses japoneses y el gran *torii* con cipreses de Taiwán.

Muchos fines de semana se pueden ver en Meiji-jingū llamativas pero tranquilas ceremonias de boda, con parejas ataviadas con quimonos. La primavera trae una explosión de color rosa cuando florecen los cerezos, mientras que en junio y julio surgen los lirios morados en el parque adyacente, el plácido y sombreado Meiji-jingū-gyoen (p. 103), que antiguamente fue un jardín imperial. El único momento de la temporada en el que el viajero tendrá garantizada la compañía es en Año Nuevo y los días siguientes, cuando millones de personas se reúnen a celebrarlo al estilo *shintō*.

ANTHONY PLUMMER / LONELY PLANET IMAGES ©

>11 SHIMO-KITAZAWA

RELAJARSE EN UN MODESTO REFUGIO URBANO

Los tiempos están cambiando, sobre todo en Tokio, donde parece que los rascacielos se desvanezcan en nubes de polvo para dejar paso a otros nuevos de la noche a la mañana. En ocasiones esto ocurre con barrios enteros o enclaves a los que se les podría atribuir cierto valor histórico, además de la nostalgia colectiva.

Por desgracia, los laberínticos callejones y los edificios bajos de Shimo-kitazawa (p. 95) tal vez corran la misma suerte que otros muchos barrios de Tokio. El encanto de Shimo-kita, adorado por artistas y jóvenes, deriva de la mezcolanza de tiendecitas de segunda mano, cafeterías, bares y salas de conciertos. La vida se hace en la calle, al aire libre, es animada y humana; y el laberinto de callejas, orgánico. Las tiendas independientes a ambos lados de la estación ocultan cubiles con olor a incienso atestados de ropa de diseñadores alternativos o de libros de arte y música local. En los cafés y bares, los estudiantes y los artistas se mezclan con los diseñadores y los arquitectos que llevan décadas viviendo en este tranquilo refugio.

Quien desee comprobar si este barrio sigue viviendo a su aire, ha de tomar la línea Keiō Inokashira a Shibuya o la línea Odakyū desde Shinjuku.

ROBERT GILHOOLY / ALAMY

>12 UENO-KŌEN Y EL MUSEO NACIONAL DE TOKIO

DESCUBRIR TEMPLOS Y TESOROS TRADICIONALES EN UENO-KŌEN Y EL MUSEO NACIONAL DE TOKIO

El amplio Ueno-kōen es uno de esos parques de Tokio donde se puede descansar, encontrarse con uno mismo, tocar algún instrumento musical y ensayar movimientos de *hip-hop*. Además, se pueden ver los osos panda del zoo de Ueno, alquilar un bote para dos y navegar entre los lotos gigantes que cubren el estanque Shinobazu, asistir a alguna de las últimas muestras de Dalí o Matisse en el Museo Nacional de Arte Occidental (p. 140) o pasear por los diversos templos y santuarios. También se encuentran aquí el Museo Nacional de Ciencia (p. 140), el Museo Metropolitano de Arte de Tokio (p. 141) y el magnífico Museo Nacional de Tokio (p. 141). El parque reúne una rica oferta cultural.

La colina de Ueno fue el último reducto del *sogunado* (gobierno militar) Tokugawa para unos dos mil partidarios de este clan familiar en 1868. El Ejército imperial acabó con ellos y el nuevo gobierno Meiji decretó que la zona se convertiría en uno de los primeros parques de Tokio. Ahora alberga, además, los museos y es un buen lugar para el *hanami* (ver los cerezos en flor) en primavera.

En el extremo norte del parque se encuentra el Museo Nacional de Tokio, fundado en 1872. Integrado por cinco edificios, es perfecto si se busca una visita cultural. La galería más importante es la Honkan (sala principal), que tiene una impresionante colección de arte desde el período Jōmon hasta el Edo. La galería de los tesoros Hōryū-ji exhibe máscaras, rollos y budas dorados de Hōryū-ji –considerado el primer templo budista de Japón (fundado en el año 607), en la prefectura de Nara– en un edificio sobrio, elegante y contemporáneo construido en 1999 y diseñado por Taniguchi Yoshio, autor del diseño del MoMA de Nueva York. La Heiseikan (sala Heisei) se inauguró en 1993 para conmemorar la boda del príncipe heredero Naruhito. Acoge muestras de arqueología japonesa y exposiciones especiales.

El estilo arquitectónico occidental de la Hyōkeikan (sala Hyōkei), construida en 1909, hace que parezca un museo parisino. En su interior se exponen obras del este y el sur de Asia y de Oriente Medio, que suelen estar en la Tōyōkan (galería de antigüedades orientales), cerrada por reformas desde el terremoto y cuya reapertura está prevista para el 2012.

BRENT WINEBRENNER / LONELY PLANET IMAGES ©

>13 SHIBUYA

INDAGAR EN LOS INTERESES DE LA JUVENTUD EN SHIBUYA

Para encontrar cultura joven en la ciudad basta con tomar cualquiera de las seis calles que confluyen en el cruce de Shibuya. Este es el lugar donde compran las chicas *gyaru* (identificables por el bronceado artificial, los peinados exagerados y la sombra de ojos blanca) y sus homólogos masculinos, que pasean en tropel por Center-gai y los grandes almacenes.

Al salir de la estación JR por Hachikō, el resplandor de imágenes en movimiento entre los edificios puede llegar a resultar agobiante en el cruce de Shibuya, sobre todo por las pantallas gigantes del edificio Q-Front. Hay que saludar a la estatua de *Hachikō* (p. 92) antes de unirse a la marea de transeúntes.

Desde la salida Hachikō hay que dirigirse a la derecha de Shibuya 109 (p. 95). Las calles entre Bunkamura-dōri y Jingū-dōri están repletas de centros comerciales donde encontrar esas botas rosas hasta la rodilla o la microminifalda de vinilo que uno siempre quiso tener. Para otro tipo de vinilos, hay tiendas de discos en Udagawachō especializadas en todo, desde Motown hasta *hip-hop* nipón. Shibuya se acuesta tarde y las calles entre Bunkamura-dōri y Dōgenzaka están llenas de clubes, bares y los famosos hoteles del amor.

GREG ELMS / LONELY PLANET IMAGES ©

IMPRESCINDIBLE

> 14 SUMIDA-GAWA

DISFRUTAR DE UN CRUCERO POR EL RÍO SUMIDA

Con un recorrido en un Suijo Bus (autobús acuático; véase p. 196) por el río Sumida, el viajero no solo conseguirá un poco de aire fresco, sino que además se acercará al patrimonio fluvial de Tokio desde una perspectiva más tradicional que si la recorre en metro. Cuando se está rodeado de cemento y vidrio, es fácil olvidar que los vibrantes sistemas fluviales de Tokio son las arterias por donde ha fluido toda la actividad comercial desde el período Edo hasta la actualidad.

Cuando se baja al nivel del agua se ven las grandes barcazas que transportan basura o madera, los ocasionales pescadores solitarios y los *yakata-bune,* restaurantes flotantes donde los clientes –sentados sobre tatamis– comen *ayu* (pescado dulce) acompañado de sake. Los planes de reurbanización están cambiando lentamente el aspecto del río, pero cuando se pasa por debajo de la docena de coloridos puentes que atraviesan el cauce, todavía se puede ver la ropa tendida en los bloques de pisos y grandes campamentos en las orillas, donde viven los tokiotas más humildes.

Lo mejor es realizar el crucero entre Asakusa (p. 146) y el encantador jardín ribereño de Hama-rikyū-teien (p. 48), cerca de Ginza. Puede ser una buena idea realizar una excursión a pie por los lugares de interés de Asakusa y luego tomar el Suijo Bus para un paseo por Hama-rikyū-teien. Otra opción para navegar por la bahía de Tokio es viajar desde el antiguo Asakusa hasta la moderna isla artificial de Odaiba (p. 154)

GREG ELMS / LONELY PLANET IMAGES ©

>15 SENSŌ-JI Y LOS TEMPLOS DE SHITAMACHI

EXPERIMENTAR LA MODERNIDAD DE UN SANTUARIO

El gigantesco templo Sensō-ji (p. 149) atrae a millones de turistas al año pero sigue siendo un santuario donde vive y trabaja la gente de clase obrera de Asakusa.

Los verdaderos orígenes de este lugar se entretejen con la historia de la población local. Cuenta la leyenda que una imagen dorada de Kannon, la diosa de la compasión, fue rescatada del río Sumida-gawa por dos pescadores en el año 628 y se construyó un templo –que aún hoy permanece en el mismo lugar– para albergarla; de ahí el otro nombre que se le da: Asakusa Kannon-dō. Nadie sabe si la imagen de Kannon existe realmente, aunque esto no detiene la constante afluencia de creyentes que ascienden por las escaleras del templo, donde depositan monedas, aplauden ceremoniosamente y se inclinan en señal de respeto.

Se llega a Sensō-ji desde la estación de metro de Asakusa y se entra por Kaminarimon (la puerta del trueno), entre las deidades protectoras: Fūjin, el dios del viento, a la derecha, y Raijin, el del trueno, a la izquierda. Cerca de Kaminarimon es muy probable que el viajero sea abordado por los conductores de *jinrikisha* (carro oriental tirado por un hombre) con trajes tradicionales y magníficas calesas lacadas. Estos enérgicos guías llevan por el templo y los alrededores, dando información sobre arquitectura e historia en inglés o japonés.

Siguiendo recto desde la puerta se llega a Nakamise-dōri, una concurrida calle peatonal con comercios dentro del propio recinto. Aquí se pueden encontrar desde recuerdos para turistas hasta artesanías estilo

---

LOS TEMPLOS DE YANAKA

Tras explorar el precioso entorno de Senso-ji se pueden descubrir los fascinantes templos de la zona *shitamachi*. Es indispensable recoger en la oficina de información turística de Asakusa el práctico folleto Yanaka, que detalla un circuito a pie y señala la situación de los templos y santuarios del barrio, incluido Nezu-jinja y su radiante *torii*, y Tenno-ji (7-14-8 Yanaka), una reliquia del s. XIII con un buda gigante y jardines inmaculados. El barrio cuenta con más de setenta espacios de oración. Cuando entre el apetito, se puede visitar Yanaka Ginza (p. 145), cerca de la estación de Nippori, una animada calle peatonal con un sinfín de vendedores de deliciosos tentempiés.

GREG ELMS / LONELY PLANET IMAGES ©

Edo; incluso hay una tienda que vende las elaboradas pelucas que se usan con los quimonos.

Nakamise-dōri conduce al conjunto del templo principal. Frente al edificio se halla un gran caldero de incienso, cuyo humo se cree que otorga salud. Si el viajero tiene problemas en alguna parte del cuerpo, debe imitar a los lugareños y atraer el humo hacia la zona dolorida y masajearla.

>16 TOKYO DOME CITY

ANIMAR AL EQUIPO LOCAL ENTRE SUS FANS Y PASEAR CON LOS 'COSPLAY'

La versátil Tokyo Dome City (plano pp. 46-47) es lo último en maravillas multifuncionales de la metrópoli. Sede del equipo de béisbol favorito del país, los Yomiuri Giants, es un paraíso para los entusiastas de este deporte. Las llamadas "chicas de la cerveza" cargan con pequeños barriles a la espalda, de los que sirven cerveza bien fría con una sonrisa precoz. La cúpula es un prodigio de la ingeniería, sobre todo si se tiene en cuenta que el techo de teflón se sostiene gracias al aire; la presión es un 0,3% más alta que en el exterior. En las instalaciones de Dome City se halla el clásico parque de atracciones Kōrakuen y el *spa* LaQua (www.laqua.jp), toda una experiencia *onsen* urbana y un sitio en el que el viajero puede bañarse mientras contempla la infinita extensión de cemento y neón de la ciudad. Destacan las salas de cromoterapia (se supone que ayudan a rejuvenecer), así como el sorprendente acuario, donde se pueden contemplar medusas que parecen alienígenas flotando en un mundo azul.

El mejor día para ir a Dome City (véase p. 64) es el domingo, cuando es fácil ver algunos *cosplay* (p. 62), disfrutar de un animado partido de béisbol, vibrar en la montaña rusa y relajarse en el *onsen*.

SOL NEELMAN / CORBIS

>AGENDA

Como una de las estrellas más brillantes de la constelación de ciudades de Asia, Tokio es sede de todo tipo de eventos. Hay humildes *matsuri* (festivales) de barrios (p. 26) y enormes ferias de *anime*, muestras de cine gay y lésbico o celebraciones en las que toda la población parece visitar los santuarios más famosos. Las mayores fiestas conmemoran épocas de prosperidad y el cambio de las estaciones, conectando a los tokiotas con sus raíces y permitiendo a los visitantes participar en sus tradiciones.

El Shichi-Go-San (literalmente: siete, cinco, tres), un festival para niños de estas edades (p. 34).

AGENDA

ENERO

Shōgatsu

Del 1 al 3 de enero se acude en masa a santuarios y templos como Sensō-ji (p. 149) y Meiji-jingū (p. 20) para celebrar el Año Nuevo.

Seijin-no-Hi (Día de la mayoría de edad)

También en Meiji-jingū (p. 20), el segundo lunes de enero se celebra el paso a la edad adulta con demostraciones de tiro al arco tradicional.

FEBRERO

Setsubun

El 3 o el 4 de febrero, para recibir la primavera, los tokiotas tiran habas hacia el exterior de casas y templos como Sensō-ji (p. 149), al grito de *"Oni wa soto! Fuku wa-uchi!"* ("¡Demonios fuera! ¡Fortuna dentro!").

MARZO

Hina Matsuri (Día de las Niñas)

El 3 de marzo se celebra un festival cerca de Azumabashi durante el cual se exhiben muñecas *hina* (princesa) en casas y espacios públicos.

Tokyo International Anime Fair

www.tokyoanime.jp/en

A finales de marzo o principios de abril se lleva a cabo una feria de intercambio para aficionados y profesionales del *anime* en el centro Tokyo Big Sight (p. 157).

PHOTO JAPAN / ALAMY

Muñecas *hina* (princesa) se exhiben por la "princesita" de cada familia en el Día de las Niñas.

El Seijin-no-Hi (Día de la mayoría de edad) se celebra en todo Tokio.

ADINA TOVY AMSEL / LONELY PLANET IMAGES ©

ABRIL

Hanami
A finales de marzo y principios de abril, las fiestas *hanami* para contemplar los cerezos en flor (p. 175) se celebran día y noche en parques de toda la ciudad.

Art Fair Tokyo (Feria de Arte de Tokio)
www.artfairtokyo.com
Con sede en el innovador Foro Internacional de Tokio (p. 51), esta feria de muestras alberga arte vanguardista de Japón, del resto de Asia y de otros lugares. Artistas y coleccionistas se encuentran a mediados de abril.

MAYO

Otoko-no-Hi (Día de los Niños)
Las familias honran a sus hijos haciendo volar *koinobori* (banderas con forma de carpa) el 5 de mayo.

Sanja Matsuri
Durante tres días a mediados de mayo se llevan cientos de *mikoshi* (santuarios portátiles) por las calles que rodean Sensō-ji (p. 149).

Design Festa
www.designfesta.com
A mediados de mayo, se celebra una exposición de trabajos de diseñadores y artistas emergentes en el Tokyo Big Sight (p. 157).

AGENDA

Paseo por Kitanomaru-kōen en pleno *hanami* (p. 31).

WIBOWO RUSLI / LONELY PLANET IMAGES ©

JUNIO

Contemplación de lirios

En los jardines interiores de Meiji-jingū (p. 20) se contemplan los lirios, especialmente en junio, cuando están completamente floridos.

JULIO

Fuji Rock Festival

http://fujirockfestival.com

Este concierto al aire libre atrae a artistas internacionales y miles de fans a los bellísimos bosques circundantes.

Tokyo International Lesbian & Gay Film Festival

www.tokyo-lgff.org

Consúltese la página web para recabar información sobre proyecciones en este festival de cine homosexual, que se va consolidando en el panorama internacional en su segunda década de vida. Se celebra a mediados de julio.

Fuegos artificiales en el río Sumida

El último sábado de julio, tienen lugar los espectaculares *hanabi* (fuegos artificiales) sobre el río Sumida. Son los más populares del año.

AGOSTO

Asakusa Samba Festival

Lo más destacado de este festival es el desfile por Kaminarimon-dóri, que convoca a medio millón de espectadores y grupos de samba de Tokio y de Río el último sábado de agosto.

Desfile del Orgullo Gay

http://parade.tokyo-pride.org

Suele celebrarse a mediados de agosto por las calles de Harajuku (p. 102). Consúltese su página web.

SEPTIEMBRE

Ningyō-kujō

Parejas sin hijos que desean concebir llevan muñecas como ofrenda a Kannon (diosa budista de la misericordia) en Kiyomizu Kannon-dō (p. 140). El 25 de septiembre se queman en una ceremonia.

OCTUBRE

Tokyo International Film Festival

www.tiff-jp.net

El festival internacional de cine de la ciudad comienza a finales de octubre y dura diez días. La mayoría de las películas se subtitulan en inglés.

Kōyō

La colorida y larga temporada de contemplación del follaje otoñal (p. 177) comienza a mediados de octubre o principios de noviembre.

Posando durante el Desfile del Orgullo Gay.

HARUYOSHI YAMAGUCHI / CORBIS

AGENDA

PETER USBECK / ALAMY

Un mar de banderas rojiblancas al viento saluda al Emperador de Japón por su cumpleaños.

NOVIEMBRE

Shichi-Go-San (Siete-Cinco-Tres)

El fin de semana más cercano al 15 de noviembre, niños de estas edades y sus padres asisten ataviados con trajes tradicionales a los templos y santuarios.

Design Festa

www.designfesta.com
Segunda cita anual (véase p. 107) en el Tokyo Big Sight (p. 157).

DICIEMBRE

Cumpleaños del Emperador

El 23 de diciembre es uno de los dos días al año que el *Kōkyo* (Palacio Imperial; plano pp. 46-47) se abre al público; el otro día es el 2 de enero.

>ITINERARIOS

Espectaculares paredes de cristal y espacios diáfanos en el Foro Internacional de Tokio (p. 51).

ITINERARIOS

No hay que dejarse intimidar por la inmensidad de Tokio. A pequeñas dosis, se pueden catar sus mil sabores únicos. Es práctico elegir algunas visitas de interés y barrios atractivos a recorrer. Si se dispone de poco tiempo, estos itinerarios y sugerencias son modificables según los gustos personales.

ALGO ANTIGUO

Se debe saborear el antiguo ambiente de *shitamachi* en Ueno (p. 138) y Asakusa (p. 146) y después ir a Ginza (p. 52) para ver sus grandes centros comerciales, vestigios de épocas pasadas. Se realiza el circuito de las instalaciones del Palacio Imperial (p. 48) y más tarde se descubren los bares añejos del barrio Golden Gai (p. 128) de Shinjuku.

ALGO NUEVO

Se ve lo último en tendencias de diseño en Harajuku (p. 102), se echa un vistazo en Meiji-jingū (p. 103) y después se pasea entre las *boutiques* de lujo en Omote-sandō-dōri (p. 103). Caminando hacia Shibuya (p. 90) se ven adolescentes tokiotas –los *fashion victims* más jóvenes de la ciudad– entrar y salir de las tiendas.

ALGO PRESTADO

Se puede revolver en los armarios de cientos de tokiotas en algunas de las mejores tiendas de segunda mano, en el moderno barrio satélite de Shimokitazawa (p. 95). En Tokyo Dome City (p. 28) se verá uno de los deportes favoritos de los japoneses: el béisbol. Después se puede elegir entre comida tradicional o francesa en los callejones de Kagurazaka (p. 45).

ALGO AZUL

Se madruga para ir al mercado de Tsukiji (p. 51) y después se quema el *sushi* del desayuno paseando por el recinto de Hama-rikyū-teien (p. 48). Se va en un autobús fluvial (p. 196) a Ryōgoku (p. 64) y se visita el Museo Edo-Tokio (p. 64) o se asiste a un combate de sumo si es temporada. Después se navega a la isla artificial de Odaiba (p. 154) para ir de compras y se regresa a tiempo de visitar el Ōedo Onsen Monogatari (p. 19).

Arriba, izda. Paseo en *rickshaw* (p. 26) en Asakusa. **Arriba, dcha.** Puertas del santuario Meiji-jingū (p. 103). **Abajo** El concurrido cruce de Shibuya (p. 93) de noche.

UN DÍA

Se puede empezar el día antes del alba en el mercado de Tsukiji (p. 51) y saborear un rico desayuno de *sushi* en uno de los puestos de comida principales. Se pasea por el cercano Hama-rikyu-teien (p. 48) y se monta en un barco para un paseo panorámico por el barrio de Ryogoku. Tras viajar en el tiempo en el Museo Edo-Tokio (p. 64), se cruza el río hasta el antiguo Asakusa y se recorre el barrio de los templos. Se cruza la ciudad y se viaja al futuro entre las luces de Shinjuku (p. 118). Se sube a las oficinas gubernamentales metropolitanas (p.121) y más tarde se toma una copa en Golden Gai (p. 128).

DOMINGOS

Si se quiere ver a los *cosplay* hay que ir a Tokyo Dome City (p. 28) y tener la cámara preparada. Se puede asistir a un partido de béisbol y observar a los acérrimos seguidores del equipo local. Y tras recorrer las calles adoquinadas de Kagurazaka (p. 45), se come en uno de los magníficos restaurantes franceses o una de las casas de *soba* tradicionales. Si hay tiempo, se toma el metro para salir de noche por Shibuya p. 90), cuna de *fashionistas* en prácticas y lugar donde hordas de chicas compran su ropa.

TRES DÍAS

Se sigue el itinerario de un día y se empieza el segundo en Harajuku (p. 102). Se visita Meiji-jingu (p. 103), después se salta a las pasarelas de asfalto de Omote-sando-dori (p. 103), Takeshita-dori (p. 102) y Cat Street (p. 108), y se recorren las callejuelas del barrio. El tercer día se va a Ueno. Allí se puede pasar una hora contemplando los nenúfares del gran estanque y después se va al Museo Nacional de Tokio (p. 141) a ver las piezas más preciadas del país de los últimos diez mil años. Se pasea por Ameya-yokocho (p. 143), se cata marisco raro y se llega a Akihabara (p. 50) para explorar el epicentro de la cultura *geek* entre extraños cafés y tiendas de electrónica. En Ginza (p. 18), se pasea por los elegantes bulevares y se cena entre empresarios. Se termina con unas copas en alguno de los bares que se apiñan bajo las vías del tren.

CINCO DÍAS

Tras tres largos días es una gran idea relajarse con un buen baño en el Ōedo Onsen Monogatari (p. 159), en la isla artificial de Odaiba. Después toca romper la tendencia turística visitando algunos de los barrios menos conocidos de Tokio como Shimo-Kitazawa (p. 21), Nakano (p. 164) o Kichijoji (p. 122). Si se planifica un poco antes, se puede visitar el recinto del Palacio Imperial (p. 48) en un circuito, o el Museo Ghibli (p. 15). Hay que

ANTES DE PARTIR

Entre dos y tres meses antes Se solicita la visita al Museo Ghibli (p. 121); se reserva mesa en Beige (p. 58) para sorprender a la pareja con delicias francesas o en Ukai Tofu-ya (p. 76) para un memorable *kaiseki* (menú tradicional japonés de varios platos).

Un mes antes Se averigua con qué fiestas (p. 29) coincidirá el viaje, como el *hanami* (contemplación de los cerezos en flor) en primavera, el Sanja Matsuri de Asakusa en mayo o los *hanabi* (fuegos artificiales) sobre el río Sumida en julio.

Una semana antes Se visita *Metropolis* en internet (p. 199) para estar al día de eventos y conciertos.

Un día antes Se reconfirma el vuelo, se repasan los nombres de los tipos de *sushi* favoritos y se meten en la maleta zapatos cómodos (y estilosos).

reservarse un viernes o un sábado para salir de fiesta por Roppongi (p. 76), e ir afinando la voz porque habrá llegado el momento de convertirse en una estrella del karaoke.

UN DÍA DE LLUVIA

La lluvia no debe aguar la fiesta a nadie, ya que hay mucho que hacer en espacios cerrados, como pasar el día en uno de los megacentros comerciales de Tokio o aprovechar la ocasión para visitar algunos de los grandes almacenes de Ginza y los *depachika* de sus sótanos (p. 57). En Tokio abundan los museos; se puede visitar el Museo de Arte Mori (p. 67), en Roppongi; el Museo Hara (p. 92), cerca de Shinagawa; el Museo Nezu, cerca de Harajuku; o el Mitsubishi Ichigokan (p. 49), en Marunouchi. En Odaiba aguardan un sinnúmero de centros comerciales; y en Tokyo Joypolis, paseos virtuales. Al caer el día se busca un bar con vistas a las luces de la ciudad. Maguro (p. 78), en Roppongi, es una gran opción.

GRATIS

Si con los precios de Tokio el viajero tiene que alimentarse de boles de arroz con ternera y tentempiés del 7-Eleven, le alegrará saber que muchas cosas pueden hacerse gratis, incluidos circuitos guiados (p. 107) por la ciudad organizados por voluntarios. Mirar escaparates no es un pasatiempo en Japón, es un deporte nacional; solo hay que recorrer las callejuelas de Harajuku (p. 102) o, si se tienen gustos más selectos, pasear por Ginza (p. 18). Los templos y los santuarios son gratuitos; los principales se hallan en Ueno (p. 138) y Asakusa (p. 146).

>BARRIOS

ANTHONY PLUMMER / LONELY PLANET IMAGES ©
Vista desde la Torre de Tokio (p. 72), centro de Tokio.

BARRIOS

El viajero ha de adaptarse a la inmensidad de Tokio antes de abordar la ciudad. Su aparente naturaleza caótica no debe engañar a nadie; a pesar de los rascacielos y de las laberínticas redes de los mapas del metro, orientarse en Tokio no es tan complicado. Sus distritos son pequeños pueblos dentro de una megalópolis; así se desarrolló Tokio y así están organizados sus barrios.

Una vía circular elevada, conocida como la línea JR Yamanote, se abre paso a través de la conurbación, marcando oficiosamente los límites del centro de la ciudad, con el Palacio Imperial, o el "centro vacío", ejerciendo de curioso corazón verde. Un recorrido por esta línea circular es una buena introducción a la ciudad, ya que pasa por la mayoría de los principales barrios de Tokio.

Se empieza por los distritos que rodean el Palacio Imperial, incluido el exclusivo distrito comercial de Ginza y el centro de negocios de Maronouchi, cerca de la estación de Tokio. Avanzando en el sentido de las agujas del reloj se halla la zona de Roppongi, llena de *gaijin* y encajonada entre Yamanote y el recinto del palacio. Más adelante, una atmósfera refinada pero relajada domina los elegantes barrios que orbitan alrededor de Ebisu y Meguro, y el ambiente se electrifica en Shibuya, abarrotado de jóvenes obsesionados por las últimas tendencias. La moda callejera y las grandes marcas se mezclan en las pasarelas de asfalto de Harajuku, y los majestuosos rascacielos de Shinjuku marcan el extremo occidental del centro de la ciudad. Al norte queda el *retro* Ikebukuro y completa el círculo de los distritos del centro la zona conocida como *shitamachi*, en la esquina noreste. La "parte baja" de la ciudad está llena de museos y templos, repartidos entre Ueno y Asakusa. Es fácil olvidar que Tokio tiene mar, algo que se soluciona visitando la isla artificial de Odaiba, en la bahía de Tokio.

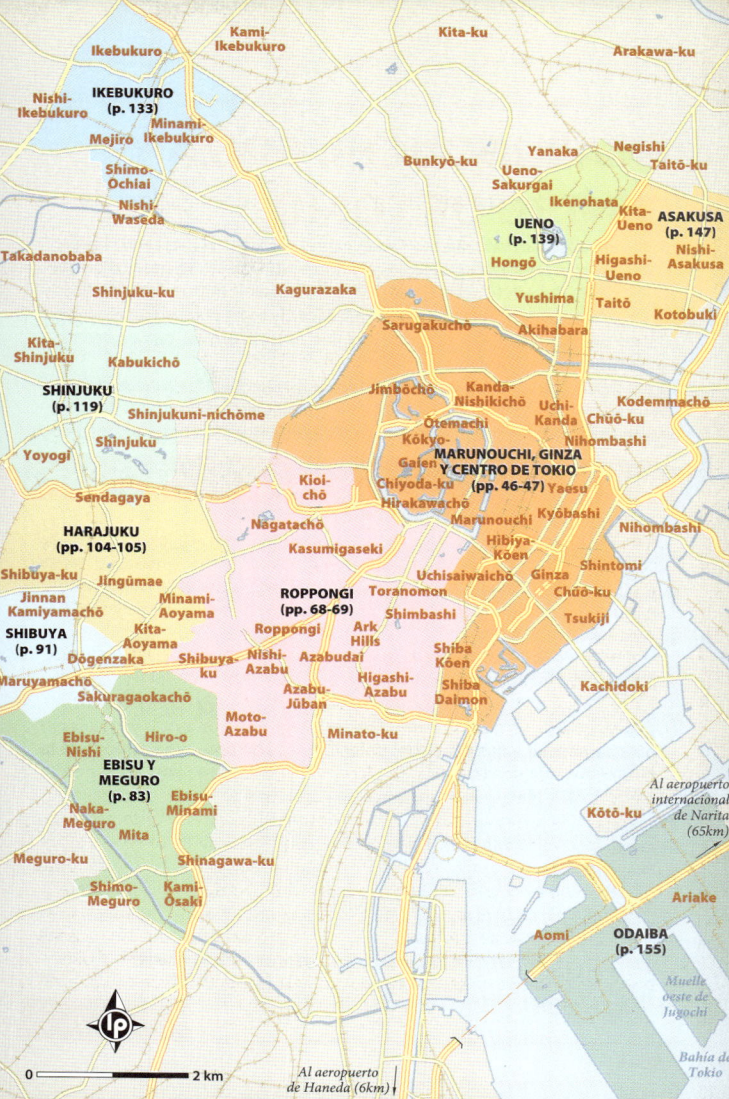

Ikebukuro

Kami-
Ikebukuro

Kita-ku

Arakawa-ku

Nishi-
Ikebukuro

IKEBUKURO
(p. 133)

Minami-
Mejiro   Ikebukuro

Shimo-
Ochiai

Nishi-
Waseda

Takadanobaba

Shinjuku-ku

Kaguraguzaka

Bunkyò-ku

Yanaka

Negishi

Taitò-ku

Ueno-
Sakurgai

Ikenohata

UENO
(p. 139)

Kita-
Ueno

ASAKUSA
(p. 147)

Nishi-
Asakusa

Higashi-
Ueno

Hongò

Kita-
Shinjuku

Kabukichò

SHINJUKU
(p. 119)

Shinjukuni-nichòme

Yoyogi   Shinjuku

Sendagaya

HARAJUKU
(pp. 104-105)

Shibuya-ku

Jingùmae

Jinnan
Kamiyamachò

SHIBUYA
(p. 91)

Dògenzaka

Minami-
Aoyama

Kita-
Aoyama

Maruyamachò

Sakuragaokachò

Shibuya-
ku

Nishi-
Azabu

Azabudai

Yushima

Akihabara

Sarugakuchò

Jimbòchò

Kanda-
Nishikichò

Uchi-
Kanda

Taitò

Kotobuki

Kodemmachò

Chùò-ku

Nihombashi

Òtemachi

Kòkyo-
Gaien

Chiyoda-ku

Kioi-
chò

Nagatachò

Kasumigaseki

Hirakawachò

Marunouchi

Hibiya-
Kòen

**MARUNOUCHI, GINZA
Y CENTRO DE TOKIO**
(pp. 46-47)

Yaesu

Kyòbashi

Nihombashi

Shintomi

Roppongi

ROPPONGI
(pp. 68-69)

Toranomon

Shimbashi

Ark
Hills

Higashi-
Azabu

Uchisaiwaichò

Ginza

Chùò-ku

Tsukiji

Kachidoki

Azabu-
Jùban

Moto-
Azabu

Shiba
Kòen

Shiba
Daimon

Minato-ku

Ebisu-
Nishi

Hiro-o

**EBISU Y
MEGURO**
(p. 83)

Naka-
Meguro

Ebisu-
Minami

Mita

Shinagawa-ku

Meguro-ku

Shimo-
Meguro

Kami-
Òsaki

Kòtò-ku

Al aeropuerto
internacional
de Narita
(65km)

Ariake

Aomi

ODAIBA
(p. 155)

Muelle
oeste de
Jugochi

Bahía
de
Tokio

0 ——————— 2 km

Al aeropuerto
de Haneda (6km)

>MARUNOUCHI, GINZA Y CENTRO DE TOKIO

La zona centro de Tokio tiene su eje en el Palacio Imperial, donde reside la familia imperial, y el jardín exterior que se halla abierto al público. Al otro lado del foso se ubica el área de oficinas de Marunouchi, donde los ejecutivos se afanan por impulsar los bancos, negocios de comunicación y otras grandes empresas. Al este se encuentra la estación de Tokio y, aún más al este, Nihombashi y sus comercios. Hacia el sur se ubica el exclusivo distrito comercial de Ginza, cuya arquitectura occidental fue una vez la cumbre de la modernidad.

Al sureste de Ginza se halla la ajetreada lonja de Tsukiji y el revitalizado espacio de Shiodome, con sus lujosos hoteles y restaurantes. Además, en el perímetro de esta zona algunas visitas merecen un paseo o una parada más de metro, como el Yasukuni-jinja, un homenaje a los caídos,

MARUNOUCHI, GINZA Y CENTRO DE TOKIO

👁 VER
Museo de la Publicidad de
Tokio .... (véase 11)
Museo Bridgestone **1** F5
Galería gráfica Ginza **2** D7
Hama-Rikyū-Teien **3** D8
Museo de Arte Idemitsu... **4** D5
Jardín oriental del Palacio
Imperial **5** C4
Jinbōchō **6** C2
Museo de la Cometa **7** F4
Koishikawa Kōrakuen **8** C1
Mitsubishi Ichigokan **9** D5
Museo Nacional de Arte
Moderno **10** C3
Shiodome **11** D8
Edificio Sony............. **12** D6
Foro Internacional
de Tokio **13** E5
Mercado de Tsukiji **14** E8
Yasukuni-jinja **15** B3

🛍 COMPRAS
Akihabara Gachapon
Kaikan **16** E1

Haibara **17** F5
Hakuhinkan Toy Park ... **18** D7
Hashi Ginza Natsuno ... **19** D6
Itōya **20** E6
Jinbōchō **21** D2
Kudan Kaikan **22** C2
Laox **23** E2
Maruzen **24** E4
Matsuya **25** E6
Mikimoto Pearl ...... (véase 41)
Mitsukoshi **26** E6
Muji **27** E6
Sofmap **28** F2
Takashimaya **29** F5
Takumi Handicrafts **30** D7
Tora-no-Ana **31** F2
Uniqlo **32** E6
Yodobashi Akiba **33** F2

🍴 COMER
Beige **34** E6
Birdland **35** D6
Daiwa Sushi **36** E8
Kiji **37** E5
Lugdunum Bouchon
Lyonnais **38** A1

Marugo **39** E2
Meal MUJI **40** E6
Mikimoto Lounge **41** E6
Opippi **42** C7
Rengatei **43** E6
Robata **44** D6
Sushi Kanesaka **45** D7
Ten-Ichi **46** D6

🍷 BEBER
300 Bar **47** D7
Aux Amis des Vins **48** E6
Ginza Lion **49** D7

⭐ OCIO
AKB48 Theatre **50** F2
Centro Nacional de Cine ... **51** E6
Teatro Nacional **52** B5
Session House **53** A1
Shinbashi Enbujō **54** E7
Tokyo Dome **55** C1
Tokyo Takarazuka
Gekijō **56** D6

Véase plano a continuación

y el Tokyo Dome para fanáticos del deporte, así como los barrios temáticos de Jimbōchō, con sus librerías, y Akihabara, con *manga* y electrónica.

VER

🎯 MUSEO BRIDGESTONE

www.bridgestone-museum.gr.jp; 1-10-1 Kyobashi, Chiyoda-Ku; entrada 800 ¥; ⊙ **10.00-20.00 ma-sa, 10.00-18.00 do;** ⊕ **línea JR Yamanote a Tokyo, salida Yaesuguchi**
Tokio tiene un idilio con todo lo francés, por lo que no sorprende que el impresionismo francés influya en la mentalidad colectiva. En el museo de esta empresa de neumáticos, antaño colección privada de su fundador, Ishibashi Shōjiro, se hallan obras de los grandes –Renoir, Ingres, Monet, Matisse, Picasso– y también una interesante selección de obras del impresionismo japonés.

🎯 GALERÍA GRÁFICA GINZA
ギンザグラフィックギャラリー

☎ **3571 5206; www.dnp.co.jp/gallery; 1F, edificio DNP Ginza, 7-7-2 Ginza, Chūō-ku; gratis;** ⊙ **11.00-18.00 lu-vi, hasta 19.00 sa;** ⊕ **líneas Ginza, Hibiya y Marunouchi a Ginza (salidas A1 y A2);** ♿
Además de excelentes exposiciones centradas en el diseño gráfico, esta galería alberga talleres y conferencias de artistas invitados,

---

MERECE LA PENA

Se encuentra cerca de la zona centro, pero parece de otra década. **Kagurazaka** (🚇 línea Chūō a Iidabashi, salida este, ⊕ líneas Namboku, Tōzai, Yūrakuchō y Toei Ōedo a Iidabashi, salida B3) fue un vibrante barrio de *geishas*, y ahora los residentes tratan de preservar su identidad tradicional. Antes de la Segunda Guerra Mundial, los callejones, algunos aún adoquinados, eran testigos del ir y venir de gente que se dirigía a los exclusivos restaurantes llamados *ryotei*. Actualmente Kagurazaka es tan moderno como otros pequeños barrios de Tokio, con el añadido de tiendas de ultramarinos y algunas torres de apartamentos. Pero sus angostos y serpenteantes callejones aún esconden pequeños templos y santuarios, bares minúsculos y acogedores restaurantes con encanto.

Kagurazaka-dōri se dirige colina arriba desde la estación Iidabashi, dejando atrás el canal que antiguamente constituía el límite de los jardines del Palacio Imperial. Esta calle empinada está poblada de tiendas que venden *geta* (sandalias de madera que se usan con el quimono), menaje y dulces *wagashi* a la antigua. La mejor forma de recorrer el barrio es perderse por algunos de sus callejones; Kakurenbo-yokochō ("el callejón del escondite") tiene mucho encanto y varias opciones para cenar, incluidos restaurantes franceses y antiguos locales de soba. Se puede ir a **Akagi-jinja** (http://akagi-jinja.jp), una interesante versión del santuario tradicional con elegante decoración moderna. Existe un acogedor café en la zona, pero se puede seguir paseando y parar en el Canal Café para tomar un tentempié junto al río. Los fines de semana el bufé de *brunch* atrae a muchos modernos.

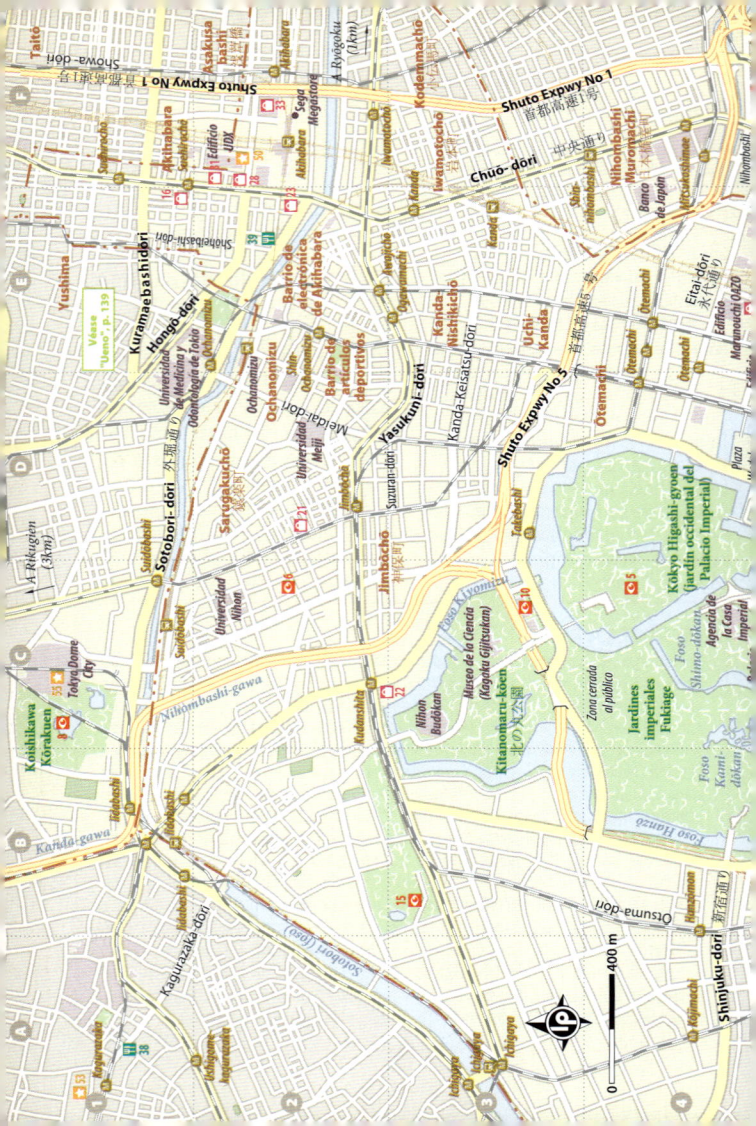

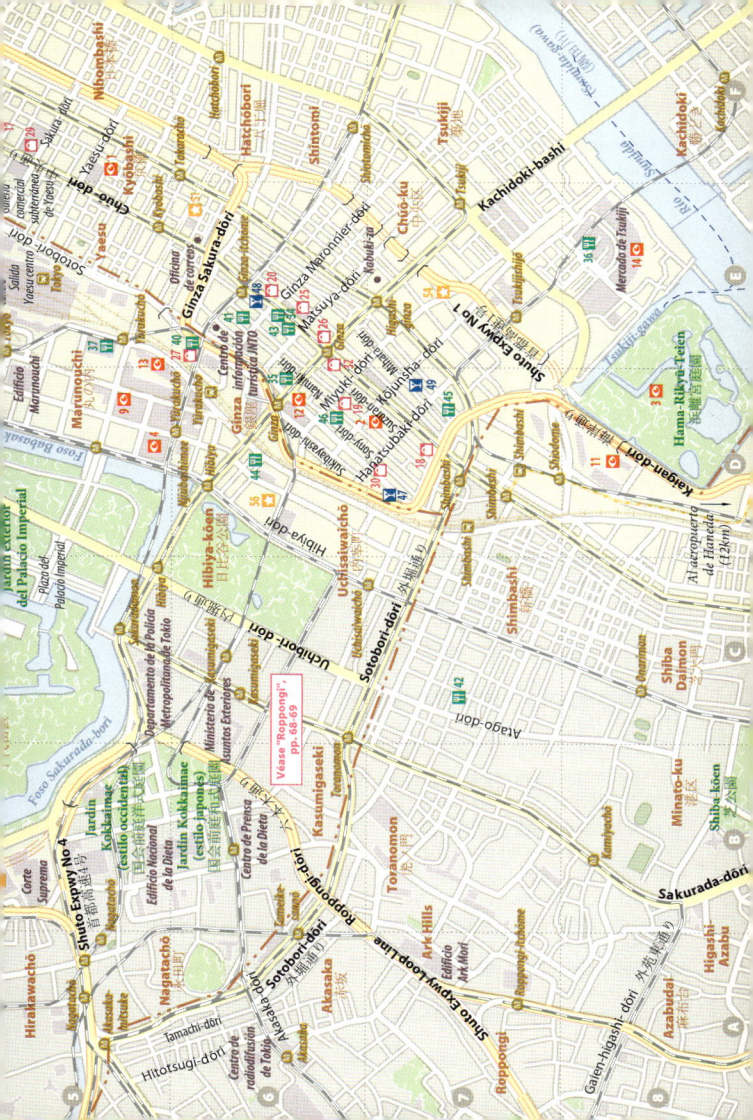

con temas que abarcan desde la tipografía más diminuta hasta la arquitectura monumental.

HAMA-RIKYŪ-TEIEN
浜離宮庭園

☎ 3541 0200; entrada 300/150 ¥; 9.00-17.00; línea Toei Ōedo a Tsukiji-shijō (salida A2);

Antiguamente era territorio exclusivo de los sogunes, pero hoy en día este maravilloso jardín, uno de los mejores de Tokio, tiene sus puertas abiertas al público. También llamado Jardín Separado del Palacio, resulta increíblemente elegante y es visita obligada para los amantes de los espacios verdes. Se recomienda acceder desde Asakusa tras un crucero por el Sumida-gawa (p. 25).

MUSEO DE ARTE IDEMITSU
出光美術館

☎ 3213 9402; 9ª planta, edificio Teigeki, 3-1-1 Marunouchi, Chiyoda-ku; entrada 1000/700/200 ¥; 10.00-17.00 do-ju, sa y do, 10.00-19.00 vi; líneas Chiyoda y Toei Mita a Hibiya (salidas A1 y B3);

Famosa por su colección de trabajos del monje zen Sengai, esta galería de arte chino y japonés se debe a la filantropía de un magnate del petróleo. Además, ofrece unas hermosas vistas del Palacio Imperial.

JARDÍN ORIENTAL DEL PALACIO IMPERIAL 皇居東御苑

☎ 3213 2050; gratis; 9.00-16.30 ma-ju, sa y do mar-oct, 9.00-16.00 nov-feb; líneas Chiyoda, Hanzōmon, Marunouchi y Tōzai a Ōtemachi (salidas C10 y C13b);

Perfecto para escapar del caos reinante en las calles de Ginza, este jardín (conocido como Kōkyo Higashi Gyoen) es la única zona del palacio que admite visitas. Fujimi-yagura, la torre de vigilancia del período Edo, fue diseñada para que la aristocracia disfrutara de vistas al monte Fuji. En la tienda del jardín venden un buen plano por 150 ¥.

MUSEO DE LA COMETA
凧の博物館

☎ 3271 2465; www.tako.gr.jp/eng/museums_e/TOKIO_e.html; 5ª planta,

VISITA AL PALACIO IMPERIAL

El palacio está cerrado al público salvo dos días al año: el 2 de enero y el 23 de diciembre (día del cumpleaños del emperador). Existe un circuito del recinto imperial (http://sankan.kunaicho.go.jp; lu-vi 10.00 y 13.30, cerrado finales jul-finales ago y fest), pero se debe reservar con antelación a través de la página web de la Agencia de la Casa Imperial. La reserva de plazas se abre el primer día de cada mes.

Un tranquilo estanque del jardín oriental del Palacio Imperial.

PETER HORREE / ALAMY

edificio Taimeikan, 1-12-10 Nihombashi, Chūō-ku; entrada 200/100 ¥; ⊙ 11.00-17.00 lu-sa; Ⓜ líneas Ginza, Tōzai y Toei Asakusa a Nihombashi (salida C5); ♿ Este pequeño e inusual museo parece el armario de un fabricante de cometas, donde todo se amontona. Pero las cometas son maravillosas, especialmente las antiguas, decoradas con imágenes de cuentos tradicionales y *kabuki* (teatro japonés). Venden modelos de bambú y *washi* (papel artesanal).

Ⓒ **KOISHIKAWA KŌRAKUEN**
小石川後楽園
☎ 3811 3015; 1-6-6 Kōraku, Bunkyō-ku; entrada 300 ¥/gratis; ⊙ 9.00-17.00;

Ⓜ líneas Namboku, Tōzai, Yūrakuchō y Toei Ōedo a Iidabashi (salidas C3 y 6); ♿ Una hermosa amalgama de paisajismo japonés y chino, este jardín del s. XVII suele quedar fuera de los circuitos turísticos. Esto resulta una pena, porque es uno de los mejores jardines de Tokio, y, al mismo tiempo, una suerte, ya que mantiene alejadas a las multitudes. Se puede comprar un excelente plano en la entrada del jardín.

Ⓒ **MITSUBISHI ICHIGOKAN**
http://mimt.jp/english; 2-6-2 Marunouchi, Chiyoda-ku; entrada variable; ⊙ 10.00-20.00 mi-vi, 10.00-18.00 ma, sa y do; Ⓜ líneas Hibiya y Chiyoda Hibiya salida B7)

BARRIOS

MARUNOUCHI, GINZA Y CENTRO DE TOKIO

AKIHABARA

Akihabara evolucionó a *Denki-gai* ("ciudad eléctrica") tras la Segunda Guerra Mundial, cuando la zona junto a la estación se convirtió en un mercado negro de componentes electrónicos. En las últimas décadas es el lugar ideal para encontrar gangas en productos electrónicos nuevos y usados. También se la conoce por **Akiba** (http://akiba-guide.com), el nombre que le han dado los fans del *manga* y del *anime* que acuden hasta allí atraídos por su magnetismo, ya que Akihabara se ha convertido en el epicentro del universo *otaku (geek)*. Aunque al viajero no le interese la electrónica, merece la pena visitar la zona como parte de un safari subcultural.

Fue el primer edificio de oficinas de la zona, diseñado poco después de la Restauración Meiji por el controvertido arquitecto Josiah Conder. La estructura original fue destruida hace tiempo, pero la actual (terminada en el 2009) es su réplica exacta. Se trata de una de las galerías más acogedoras de Tokio. La idea de este museo es simple: un espacio agradable donde los empresarios locales pueden relajarse a la hora de comer viendo exposiciones. Acoge varias muestras internacionales durante el año.

◉ MUSEO NACIONAL DE ARTE MODERNO
国立近代美術館

☎ 5777 8600; www.momat.go.jp; 3-1 Kitanomaru-kōen, Chūō-ku; entrada 420/130/70 ¥; ⏰ 10.00-17.00 ma-ju, sa y do; 10.00-20.00 vi; ◉ línea Tōzai a Takebashi (salida 1a); ♿

Este museo cuenta con una magnífica colección de arte japonés que abarca desde el período Meiji

en adelante. La entrada (hay que conservarla) también permite el acceso a la cercana Galería de Artesanía, en la que se pueden contemplar objetos de cerámica, piezas lacadas y muñecas.

◉ SHIODOME

◉ línea Toei Oedo a Shiodome

Construido con aspiraciones parecidas a las de Roppongi Hills, este conjunto de torres multifuncionales, con sus despachos y sus restaurantes, visto como una "ciudad del futuro" no ha alcanzado el éxito de su homólogo. Por suerte no está tan concurrido como aquel, aunque tampoco hay mucho que ver o hacer. El **Museo de la Publicidad de Tokio** (www.admt. jp; B1F-B2F edificio Caretta Shiodome 1-8-2 Higashi-shinbashi, Chūō-ku; ⏰ 11.00-18.30 ma-vi, 11.00-16.30 sa; ◉ línea Toei Oedo a Shiodome, salida JR Shinbashi) repasa la historia del *marketing* en Japón. No hay explicaciones en inglés, pero el contenido es muy llamativo (tanto las imágenes como los vídeos) y bien merece una breve visita.

⊙ EDIFICIO SONY
ソニービル

☎ 3573 2371;www.sonybuilding. jp; 5-3-1 Ginza, Chūō-ku; gratis; ⏱ 11.00-19.00; ⊙ línea Ginza, Hibiya, Marunouchi a Ginza (salida B9)
En realidad es un salón de exposición y venta de Sony, pero cuenta con una gran variedad de artículos que se pueden probar, algunos de los cuales aún no han salido al mercado. A pesar de las colas, niños y no tan niños se lo pasarán en grande probando los últimos productos tecnológicos de la marca.

⊙ FORO INTERNACIONAL DE TOKIO
東京国際フォーラム

☎ 5221 9000; www.t-i-forum.co.jp; 3-5-1 Marunouchi, Chiyoda-ku; gratis;

⏱ 8.00-23.00; 🚉 línea JR Yamanote a Yūrakuchō (salida principal), ⊙ línea Yūrakuchō a Yūrakuchō (salida A4b); ♿ Diseñado por el arquitecto Rafael Viñoly, este edificio parece un barco de cristal que atraviesa las aguas urbanas de Tokio. Utilizado para convenciones y congresos, sus voladizos espacios y su plaza también albergan una biblioteca, una galería de arte, cafés y tiendas.

⊙ MERCADO DE TSUKIJI
築地市場

☎ 3541 2640; www.tsukiji-market. or.jp; 5-2 Tsukiji, Chūō-ku; ⏱ cerrado algunos lu y mi, do y fest; ⊙ línea Toei Ōedo a Tsukiji-Shijō (salidas 1 y 2)
Tsukiji es la lonja de pescado más grande del mundo. La "cocina de Japón" funciona a un ritmo frenético, procesando, comprando y cargando miles de pescados. La tristemente célebre subasta de atún empieza a las 5.00 y termina

MÁS SOBRE TSUKIJI
Para entrar en la subasta de atún lo mejor es llegar a las 4.30 y hacer cola en el **centro de información del pescado** (centro Osakana Fukyu), en la entrada de Kachidoki. Las primeras 140 personas tienen la entrada garantizada; el primer turno de 70 personas es de 5.00 a 5.40, y el segundo, de 5.40 a 6.15.

Si no apetece madrugar, se puede ir durante la mañana y todavía se presenciará el frenético ambiente del mercado (sobre todo si la subasta del atún se ha alargado) y la obsesión de los japoneses por el marisco. La zona intermedia de los vendedores al por mayor abre al público a las 9.00 y otras zonas del mercado lo hacen incluso antes, como Jogai Sijou.

Durante los últimos años han circulado rumores sobre el incierto futuro de este mercado; se espera que se traslade a Toyosu a finales del 2012.

MERECE LA PENA

¿Cuál es el punto de interés más visitado de Japón? ¿Los templos de Kioto? No. ¿Harajuku? Tampoco. La respuesta es **Tokyo Disneyland** (www.tokyodisneyresort.co.jp; 1-1 Maihama, Urayasu-shi, Chiba; entrada de 1 día adultos/niños 5800/3900 ¥; 🚉 línea JR Keiyō a Maihama). Por muy triste (o significativo) que parezca, su éxito es arrollador. Comprende dos parques temáticos: Tokyo Disneyland, diseñado a partir del original californiano; y Tokio Disneysea, un inteligente añadido que atrae a los adultos. Un Fast Pass (pase rápido) reduce el tiempo de espera en las colas. También es buena idea comprar *bentō,* ya que los restaurantes de la zona suelen estar llenos.

a las 8.00, con todo el pescado del día vendido a intermediarios y pescaderos embobados.

🔵 YASUKUNI-JINJA
靖国神社

☎ 3261 8326; www.yasukuni.or.jp; 3-1-1 Kudan-kita, Chiyoda-ku; gratis; ⏱ 9.30-17.30 mar-oct, 9.30-17.00 nov-feb; 🚇 líneas Hanzōmon, Tōzai y Toei Shinjuku a Kudanshita (salidas 1 y 2); ♿ Yasukuni-jinja, la eterna mosca en la sopa de la relación entre Japón y Asia, significa "santuario del país pacífico" y es un monumento a los japoneses víctimas de la guerra. Más allá de controversias y consideraciones políticas, esconde un interior bellísimo, al estilo de los antiguos santuarios *ise* (sintoístas), lo que contrasta con los *uyoku* (extremistas de derechas) que gritan sus consignas en el exterior.

🛍 COMPRAS
Al norte del distrito bursátil de Marunouchi se encuentra el barrio

de Kanda, que puede resultar interesante para los amantes de la literatura. Jimbōchō es famoso por sus librerías especializadas, que ofrecen desde cómics *manga* hasta mapas antiguos. Al noreste de Jimbōchō, cruzando el río Kanda, se encuentra todavía más *manga* y, además, una importante oferta de productos relacionados con la tecnología en Akihabara, la "ciudad eléctrica". Pero la más famosa meca del consumo del centro de Tokio es la resplandeciente zona de Ginza, donde sigue reinando el esnobismo.

🎁 AKIHABARA GACHAPON
KAIKAN 秋葉原 *Juguetes*

☎ 5209-6020; www.akibagacha. com; 1F, edif. MN, 3-15-5 Soto-Kanda, Chiyoda-ku; ⏱ 11.00-20.00; 🚉 línea JR Yamanote a Akihabara (salida oeste) A esta tienda es necesario ir con los bolsillos llenos de monedas de 100 ¥ para las máquinas expendedoras de *gachapon* (o bolas de plástico) que contienen personajes de *manga,* llaveros,

Kikuchi Rinko

Actriz de fama internacional, tokiota y nominada a un Oscar por su actuación en la película Babel *(2006).*

Si se rodara una película sobre Tokio y cada barrio fuera un personaje, ¿qué barrio te gustaría interpretar? Shibuya (p. 90). ¡Desborda un espíritu y una energía que ni el propio barrio puede digerir! Es sórdido, descuidado y temerario; y derrocha energía. Creo que sería un papel muy potente. **¿Algún lugar de la ciudad te inspira especialmente?** De todos los sitios de Tokio donde he vivido, Arisugawa Park fue en el que pasé más tiempo. A lo largo del año, mientras rodaba una película, paseaba por allí para pensar. **¿Qué recomendarías a los viajeros interesados en el teatro japonés?** Que fueran al Honda Theatre en Shimo-Kitazawa (p. 21), yo voy allí a menudo a ver obras de teatro.

muñequitos para el móvil o figuritas que hay que montar; perfectos recuerdos de Tokio.

🏠 HAIBARA はいばら
Papelería

☎ 3272 3801; 2-7-6 Nihombashi, Chūo-ku; 🕐 9.30-18.30 lu-vi, 9.30-17.00 sa; 🚇 líneas Ginza, Tōzai, Toei Asakusa a Nihombashi (salidas B8 y C3)

Incluso las tarjetas de visita de este local están hechas con un papel exquisito. Vende *washi* de alta calidad y pequeños tesoros como billeteras, espejos de mano y accesorios para teléfonos móviles, todo hecho en papel impreso.

🏠 HAKUHINKAN TOY PARK
博品館 *Juguetería*

☎ 3571 8008; www.hakuhinkan.co.jp; 8-8-11 Ginza, Chūo-ku; 🕐 11.00-20.00; 🚉 línea JR Yamanote a Shimbashi (salida Ginza), 🚇 líneas Ginza y Toei Asakusa a Shimbashi (salidas 1 y 3)

Es una de las tiendas de juguetes más famosa de Tokio y está repleta de muñecas, figuras articuladas, ruidosos videojuegos, mares de piezas de plástico en todos los colores y los muñecos de peluche más mullidos. También cuenta con restaurantes y un teatro.

🏠 HASHI GINZA NATSUNO
箸銀座夏野 *Artesanía*

☎ 3569 0952; www.e-ohashi.com; 1ª y 6ª plantas, edificio Ginza Takahashi, 6-7-

4 Ginza, Chūo-ku; 🕐 10.00-20.00 lu-sa, 10.00-19.00 do; 🚇 líneas Ginza, Hibiya y Marunouchi a Ginza (salida B3)

Para agregar unos *hashi* (palillos) a la colección de recuerdos, se debe venir a este angosto callejón. Aquí se encuentra un asombroso surtido, desde los más coloridos, pensados para niños, hasta los tallados a mano, que pueden llegar a costar miles de yenes. Llenando todo el espacio, se hallarán también posapalillos, objetos de cerámica y decoración.

🏠 ITŌYA 伊東屋 *Papelería*

☎ 3561 8311; 2-7-15 Ginza, Chūo-ku; 🕐 9.30-19.00 lu-sa, 9.30-18.00 do; 🚇 líneas Ginza, Hibiya y Marunouchi a Ginza (salidas A12 y A13)

Artículos de papelería y afines se distribuyen en las nueve plantas de esta tienda. Además de una extensa colección de *washi*, se pueden encontrar agendas de cuero italiano, bolígrafos de tinta borrable en todos los colores, y hasta *tenugui* (bellísimos pañuelos tradicionales teñidos a mano).

🏠 JINBŌCHŌ *Libros*

Kanda-jinbōchō, Chiyoda-ku; 🚇 líneas Tozai y Hanzomon a Jinbocho (salidas A1, A6 o A7)

Sin lugar a dudas merece la pena visitar el fascinante barrio de Jinbocho, con sus más de ciento setenta

COMER CON PALILLOS

Aunque a los visitantes no se les tendrán en cuenta los fallos, siempre es bueno respetar algunas normas de etiqueta para los *hashi* (palillos):

> En Asia en general, no se deben dejar los palillos verticales en el cuenco de arroz; solo se hace en los funerales.

> No hay que pasar comida de un juego de palillos a otro, ya que se asocia con otro ritual funerario.

> Cuando se tome comida de un plato compartido, se debe usar el extremo de los palillos con el que no se come.

> Se considera descortés gesticular o señalar a alguien con los palillos; mientras no se usen para comer es mejor dejarlos en la mesa frente al comensal.

> Si se necesita pinchar la comida en vez de tomarla con los palillos, es un buen momento para pedir cuchillo y tenedor.

librerías de segunda mano, que se extiende más allá de Yasukuni-dōri. Se puede empezar por **Isseido Books** (www.isseido-books.co.jp; 1-7 Kanda-jinbōchō), hacerse con un plano de las librerías del barrio, y pasear por la calle principal y los callejones al norte de Yasukuni-dōri.

📷 LAOX ラオックス
Fotografía y electrónica

☎ 3253 7111; 1-2-9 Soto-Kanda, Chiyoda-ku; 🕐 10.00-21.00, cierre variable a final de mes; 🚇 líneas JR Sōbu y Yamanote a Akihabara (salida Ciudad Eléctrica)

En esta tienda libre de impuestos los empleados hablan varios idiomas y ayudarán al cliente a averiguar si los artículos son compatibles con los voltajes de su país de origen. Esta enorme cadena vende electrodomésticos y aparatos electrónicos a precios muy competitivos. Cuenta con otra sucursal cerca.

📷 MARUZEN 丸善 *Libros*

☎ 5288 8881; 1ª y 4ª plantas, edificio Oazo, 1-6-4 Marunouchi, Chiyoda-ku; 🕐 9.00-21.00; 🚇 línea JR Yamanote a Tokio (salida Marunouchi norte)

Ubicado en el curvilíneo edificio Oazo, frente a la salida Marunouchi de la estación de Tokio, este establecimiento presume de contar con una extraordinaria selección de libros y revistas en inglés. En la 4ª planta se encuentra el material en lenguas extranjeras, artículos de papelería y un café. La tienda original (a la que se accede por la salida B3 de la estación Nihombashi) vende libros en lenguas extranjeras en la 3ª planta.

BARRIOS

MARUNOUCHI, GINZA Y CENTRO DE TOKIO

🏠 MATSUYA 松屋
Grandes almacenes

☎ 3567 1211; 3-6-1 Ginza, Chūo-ku; 🕐 10.30-19.30; ⊕ líneas Ginza, Hibiya, Marunouchi a Ginza (salidas A12 y A13)
Una bendición para visitantes extranjeros, estos grandes almacenes ofrecen los artículos con embalaje para envíos internacionales e información sobre tasas e impuestos. También cuenta con una galería de arte en la 7ª planta y en verano con un bar en la azotea.

🏠 MIKIMOTO PEARL
ミキモト真珠 *Joyería y accesorios*

www.mikimoto.co.jp; 2-4-12 Ginza, Chūo-ku; ⊕ líneas Ginza, Hibiya y Marunouchi a Ginza (salida B2)
Nadie puede competir con ellos en cuanto a perlas, por lo que no sorprende que esta marca de lujo haga honor a su nombre con una memorable fachada para su tienda. Parece obra de una araña futurista que haya tejido su elaborada telaraña con cristales de formas trapezoidales.

🏠 MITSUKOSHI 三越
Grandes almacenes

☎ 3562 1111; 4-6-16 Ginza, Chūo-ku; 🕐 10.00-20.00, cerrado algunos lu; ⊕ líneas Ginza, Hibiya, Marunouchi a Ginza (salidas A7 y A11)
Uno de los grandes clásicos de Ginza, es la esencia de los grandes

almacenes de Tokio y resplandece tras sus recientes reformas. Entre sus tesoros destaca, en la 2ª planta, la sucursal de Ladurée, la pastelería parisina especializada en *macaron*, decorada como un gigantesco huevo de Pascua. El león en la esquina de la entrada es un popular punto de encuentro.

🏠 MUJI 無印良品
Ropa y menaje

☎ 5208 8241; 2F y 3F, 3-8-3 Marunouchi, Chiyoda-ku; 🕐 10.00-21.00; 🚇 línea JR Yamanote a Yūrakuchō (salida principal), ⊕ línea Yūrakuchō a Yūrakuchō (salida A4b)
Mujirushi Ryōhin (literalmente, "sin marca") sorprende al mundo con su línea de productos sencillos para la vida cotidiana. Esta es su tienda insignia y en ella todo va un paso más allá. Los clientes pueden pasear por una casa Muji construida dentro de la tienda. Y sí, la casa montable está a la venta en tres tamaños diferentes.

🏠 SOFMAP ソフマップ
Fotografía y electrónica

☎ 3253 1111; 4-1-1 Soto-Kanda, Chiyoda-ku; 🕐 11.00-21.00; 🚇 líneas JR Sōbu y Yamanote a Akihabara (salida Ciudad Eléctrica)
Un astuto *marketing*, descuentos increíbles y una plantilla de auténticos *geeks* han hecho que esta cadena abra más de una docena de sucursales solo en Akihabara. La

'DEPACHIKA' DESCODIFICADOS

Los grandes almacenes *(depāto)* son desde hace tiempo un puntal del consumismo japonés moderno. Popularizados en los primeros años de la expansión del país, estos bastiones del capitalismo concentraban todas las compras en un solo local para el tokiota apresurado. Ocultos en los sótanos, los *depachika* (デパ地下) eran los supermercados de los grandes almacenes, donde se podía llenar la cesta de la compra. Hoy se han convertido en un destino por sí mismos, con una amplísima variedad de productos nacionales e internacionales.

Para los no iniciados, recorrer los enormes y concurridos *depachika* puede llegar a ser abrumador. La siguiente lista pretende ayudar a moverse entre el sinfín de puestos de comida. ¡Ah, y no hay que olvidar los palillos de un solo uso *(waribashi; waribashi;* 割り箸)!

> **Tartas y pastelitos** (スイーツ) Hay que estar dispuesto a gastarse unos 500 ¥ por trozo de tarta (ケーキ), pero vale la pena. Los carteles que dicen "solo por tiempo limitado" (期間限定) son de tartas que llevan fruta de temporada.
> **Recuerdos** (お土産) Los *depachika* se llenan en época de regalos, pero los puestos venden galletas, *crackers* de arroz, tés y postres típicos japoneses muy bien empaquetados durante todo el año.
> **'Sashimi'** (刺身) El mejor sitio para comer el *sashimi* más fresco y asequible es un *depachika* después de las 18.00, cuando multitudes y precios menguan. Lo sirven con paquetes de *wasabi*, pero raras veces lleva salsa de soja. 解凍 indica que el pescado ha sido congelado previamente, y 天然 que es fresco (y sin congelar).
> **'Souzai'** (総菜) Muchos puestos ofrecen *souzai*, platos de acompañamiento inspirados en diversas cocinas (mejor limitarse a la japonesa). Si se tiene cerca a gente mayor comprando comida, es buena idea tomar nota de lo que piden para poder probar los platos más sabrosos.
> **'Bentō'** (弁当) Preparado con arte, lleva carne, pescado, arroz aromático y verduras de temporada. En algunos puestos de comida hay gigantescos tanques humeantes, llenos del típico arroz pegajoso con verduras (おこわ; *okowa*). Se puede combinar con algunos *souzai* para crear un *bentō* a medida.

gigantesca tienda principal dispone de siete plantas con todo tipo de aparatos electrónicos, juegos y ordenadores nuevos y de segunda mano.

TAKASHIMAYA 高島屋
Grandes almacenes
☎ 3211 4111; 2-4-1 Nihombashi, Chūō-ku; ⏱ 10.00-19.30; ⓜ líneas Ginza,

Tōzai, Toei Asakusa a Nihombashi (salidas B1 y B2)
Es uno de los establecimientos más venerables de Nihimbashi por su arquitectura palaciega. Sus dependientes van muy bien vestidos y llevan guantes blancos, manejan los antiguos ascensores y saludan recatadamente. Es posible llevar el propio *bentō* y tomarlo en el

patio de la última planta. Existe otra tienda en Ginza, y en Shinjuku se halla el complejo Takashimaya Times Square.

🏠 TAKUMI HANDICRAFTS
たくみ *Artesanía*

☎ 3571 2017; www.ginza-takumi.co.jp; 8-4-2 Ginza, Chūō-ku; ⏱ 11.00-19.00 lu-sa; 🚇 línea JR Yamanote a Shimbashi (salida Ginza)

Ofrece una elegante selección de juguetes, tejidos, cerámicas y otras artesanías tradicionales de Japón. Todas las piezas que venden van acompañadas de información sobre sus orígenes e historia.

🏠 TORA-NO-ANA
とらのあな *Libros*

☎ 5294 0123; www.toranoana.co.jp; 4-3-1 Soto-Kanda, Chiyoda-ku; ⏱ 10.00-22.00; 🚇 líneas JR Sōbu y Yamanote Akihabara (salida Ciudad Eléctrica)

Si se mira hacia arriba se puede observar el dibujo de una encantadora niña-tigresa en lo alto de este edificio, que dispone de siete plantas de *manga* y *anime*. Cuenta con sucursales en Shinjuku e Ikebukuro.

🏠 UNIQLO ユニクロ *Moda*

☎ 3569 6781; 5-7-7 Ginza, Chūō-ku; ⏱ 11.00-21.00; 🚇 líneas Ginza, Hibiya y Marunouchi a Ginza (salidas A2 y A3)

Aquí se pueden comprar excelentes prendas de fondo de armario

a bajo coste. Tiene decenas de sucursales por toda la ciudad, pero en Ginza cuenta con un edificio entero dedicado a cada sexo.

🏠 YODOBASHI AKIBA
ヨドバシアキバ
Fotografía y electrónica

☎ 5209 1010; 1-1 Kanda-Hanaokachō, Chiyoda-ku; ⏱ 9.30-22.00; 🚇 líneas JR Sōbu y Yamanote a Akihabara (salida Ciudad Eléctrica)

Este paradigma de los descuentos se ubica al este de la estación Akihabara. Se trata de nueve gigantescas plantas llenas de cámaras, equipos informáticos y suficiente electrónica para satisfacer al *geek* más exigente.

🍴 COMER

Ginza es el sitio ideal para disfrutar de una cena japonesa de lujo, en alguno de sus restaurantes típicos. Para el almuerzo, existe un sinnúmero de excelentes tiendas de *soba* (fideos de trigo negro) cerca del menos pretencioso Kanda, mientras que el obligado desayuno de *sushi* debe tomarse en Tsukiji.

Para comer *yakitori* (brochetas de pollo) en el lugar más auténtico de la zona, se puede optar por Yūrakuchō Yakitori Alley, con varios puestos bajo las vías del tren, al sur de *Yūrakuchō*. A pesar del humo y el ruido, resulta agradable para tomar *yakitori* con una cerveza fría.

🍴 BEIGE *De fusión* ¥¥¥

☎ 5159-5500; www.beige-tokyo.com; 3-5-3 Ginza, Chūo-ku; ⏰ almuerzo y cena; Ⓜ líneas Ginza, Hibiya y Marunouchi a Ginza (salidas A9 y A13)
Es el retoño mimado de Chanel y del chef estrella Alain Ducasse, con una carta a la altura de las circunstancias: ternera de la zona, langosta fresca, verduras seleccionadas y excelentes adobos. La carta de vinos parece una enciclopedia y la decoración ambiental, a medio camino entre Oriente y Occidente, redondea la experiencia gastronómica perfecta en Tokio. **Jardin de**

Tweed (almuerzo 2500 ¥), en la azotea, es algo más asequible.

🍴 BIRDLAND バードラン *Yakitori* ¥¥

☎ 5250 1081; B1F, edificio Tsukamoto Sozan, 4-2-15 Ginza, Chūo-ku; ⏰ 17.00-21.00 ma-sa; Ⓜ líneas Ginza, Hibiya y Marunouchi a Ginza (salidas C6 y C8)
¿Quién hubiera dicho que el *gewürztraminer* combinaría tan bien con las brochetas de corazón de pollo? Hay que aclarar que los corazones son asados y proceden de pollos tan sanos que se pueden pedir como *sashimi*. Limitan el tiempo para cenar a dos horas y solo aceptan reservas el mismo día desde las 12.00.

Expertos chefs de *sushi* preparan la cena en Daiwa Sushi, mercado de Tsukiji.

GREG ELMS / LONELY PLANET IMAGES ©

🍴 DAIWA SUSHI 大和寿司
Sushi y sashimi ¥¥

☎ 3547 6807; 5-2-1 Tsukiji, Chūō-ku; ⏱ 5.00-13.30 lu-sa, cerrado segundo mi de mes; ⊕ línea Toei Ōedo a Tsukiji-shijō (salida A2); ♿ V ♨

La espera es inevitable en este famoso bar de *sushi*, pero todo se olvida al probar el primer bocado. Si uno no se atreve a pedir la comida en japonés, un combinado de *sushi* es una buena apuesta. Aunque sean muy educados para decirlo, los camareros esperan que el cliente coma sin perder el tiempo y deje su asiento libre para el próximo comensal.

🍴 KIJI きじ *Okonomiyaki* ¥

☎ 3216-3123; www.o-kizi.jp; B1 edificio Tokia 2-7-3 Marunouchi, Chūō-ku; ⏱ almuerzo y cena; 🚇 línea JR Yamanote a Tokio (salida Marunouchi sur)

Sirve *Okonomiyaki* traídos de Osaka en el tren bala y elaborados por expertos para las legiones de empresarios del agitado Marunouchi. Solo hay que bajar por las escaleras mecánicas para saborear platos deliciosos. Ideal para los neófitos porque sirve este plato listo para comer (y no se lo tiene que preparar uno mismo).

🍴 LUGDUNUM BOUCHON LYONNAIS *Francesa* ¥¥¥

☎ 6426-1201; www.lyondelyon. com; 4-3-7 Kagurazaka, Chiyoda-ku;

⏱ almuerzo y cena; 🚇 línea Tōzai a Kagurazaka (salida 1)

El sabor de la cocina de Lyon está presente con orgullo en las callejuelas de Kagurazaka, haciendo viajar a los paladares de continente a continente. Priman las recetas sencillas y la carta de vinos es una de las mejores de la ciudad.

🍴 MARUGO 丸五 *Tonkatsu* ¥

☎ 3255-6595; 1-8-14 Soto Kanda, Chiyoda-ku; ⏱ almuerzo y cena; 🚇 líneas Tōzai y Hanzomon a Jinbocho (salida A6)

Los suculentos cortes de carne de cerdo y muslos de pollo cocidos a fuego lento se sirven con generosas raciones de col trinchada, sopa de *miso* y verduras encurtidas. Se puede cenar con los habituales, en el piso de arriba, entre viejos relojes, o sentarse codo con codo con ellos en el bar de la planta baja. Lleva 35 años funcionando, así que por algo será.

🍴 MEAL MUJI *Café* ¥

☎ 5208-8241; www.muji.net; 2F 3-8-3 Marunouchi, Chūō-ku; ⏱ almuerzo y cena; 🚇 línea Yurakuchō a Yurakuchō (salida D9)

A los fans del estilo de vida Muji les gustará saber que "la marca sin nombre" va más allá del menaje y la papelería. Las comidas Muji siguen el lema "cuanto más sencillo, mejor" con delicatesen frescas sin aditivos químicos ni ingredientes impronunciables.

🍴 MIKIMOTO LOUNGE *Café* ¥

www.mikimoto.co.jp; 3F 2-4-12 Ginza, Chūō-ku; 🚇 líneas Ginza, Hibiya y Marunouchi a Ginza (salida B2)
Elegantemente situado tras la futurista fachada de la *boutique* insignia de la marca, en este café sirven algunos de los mejores postres de Ginza. ¿Por qué no darse un capricho con un postre artesanal elaborado con ingredientes de ensueño, como compota de setas orejas de árbol y bayas de Goji, al cenar en mesas suaves como el marfil?

🍴 OPIPPI おぴっぴ *Ramen* ¥

1-20-11 Shinbashi, Chūō-ku; 🕐 almuerzo y cena; 🚇 líneas Ginza y Asakusa a Shinbashi (salida 8)
Plácidamente perdido en la red urbana de Shinbashi, esta tienda de sopa familiar prepara *udon* con un toque distinto. En vez de llevar comida tipo industrial y litros de caldo, los boles se preparan de uno en uno con ingredientes frescos.

🍴 RENGATEI 煉瓦亭 *Yoshoku* ¥

☎ 3882-7258; www.ginza-rengatei. com; 3-5-16 Ginza, Chūō-ku; 🕐 cena; 🚇 líneas Ginza, Hibiya y Marunouchi a Ginza (salida A12)
Se remonta a los inicios del período Meiji y tiene fama de haber inventado la chuleta *katsu* y la tortilla; el primer mordisco de Japón a la cocina occidental, que pronto adquirió categoría culinaria propia y pasó a llamarse *yōshoku*. La maravillosa decoración pasada de moda (caja registradora antigua, uniformes de camareras descoloridos y manteles desgastados) es prueba de la larga historia del local.

🍴 ROBATA 爐端 *Izakaya* ¥¥

☎ 3591 1905; 1-3-8 Yūrakuchō, Chiyoda-ku; 🕐 17.00-23.00 lu-sa; 🚇 líneas Hibiya y Chiyoda a Hibiya (salida A4)
Ubicado cerca de las vías del tren, este es uno de los *izakaya* (*pubs* japoneses) más célebres de la ciudad. Puede resultar útil cierto conocimiento del idioma, pero el método de señalar la comida funciona. Es difícil encontrar el cartel incluso si se sabe leer japonés; es mejor buscar la fachada rústica de madera.

🍴 SUSHI KANESAKA *Sushi y sashimi* ¥¥¥

☎ 5568-4411; B1 8-10-3 Ginza, Chūō-ku; 🕐 almuerzo y cena; 🚇 líneas Ginza y Asakusa a Shinbashi (salida 5)
Oculta bajo el nivel de la calle, esta superestrella del *sushi* es el taller del maestro chef que da nombre al local –un prodigio de la gastronomía– y que corta las mejores piezas del pescado más fresco con

la precisión de un cirujano. Si el viajero quiere darse un lujo con el *sushi*, tiene que ser aquí. Se debe reservar con antelación, pues solo dispone de 12 plazas.

☷ TEN-ICHI 天一 *Tempura* ¥¥¥
☎ 3571 1949; www.tenichi.co.jp; 6-6-5 Ginza, Chūō-ku; ☷ 11.30-21.30; ☷ líneas Ginza, Hibiya, Marunouchi a Ginza (salidas A1, B3 y B6)

Uno de los mejores y más antiguos restaurantes de *tempura* (fritura ligera rápida) de Tokio, cita obligada para probar una *tempura* como debe ser: ligera, aireada y crujiente. Cuenta con varias sucursales en Tokio, pero la original de Ginza es la más elegante. Se recomienda reservar con antelación.

☷ BEBER

☷ 300 BAR *Bar*
☎ 3571 8300; www.300bar-8chome. com; B1F, edificio Daini Ginza Column, 8-3-12 Ginza Chūō-ku; ☷ 17.00-2.00 lu-

sa, 17.00-23.00 do; ☷ línea JR Yamanote a Shimbashi (salida Ginza)

Uno de los pocos lugares del barrio de Ginza que realmente tiene buenos precios. Todas las consumiciones cuestan 300 ¥, se trate de cócteles, aperitivos o lo que sea. No se añade recargo por cubierto y resulta un sitio alegre donde tomar una copa después de ver escaparates por la zona.

☷ AUX AMIS DES VINS オザミデヴァン *Bar*
☎ 3567 4120; www.auxamis.com/ desvins; 2-5-6 Ginza, Chūō-ku; ☷ 17.30-2.00 lu-vi y 12.00-24.00 sa; ☷ línea Yūrakuchō a Ginza-itchōme (salidas 5 y 8)

Tanto el salón informal como la pequeña terraza de este bar especializado en vinos resultan acogedores en cualquier época. Su sólida selección de caldos llegados de las mejores bodegas francesas se pueden pedir por copas (800 ¥) o por botella.

LOS 'MEIDO KISSA'

Cuando la cultura *cosplay* (disfraces) y *otaku* (*geeks* o fanáticos tecnológicos, véase p. 164) se cruzan, Akihabara parece ser el lugar de unión indiscutible. Con ello resurge un juego antiguo pero con el toque único del Tokio actual: los *meido kissa* (cafés de sirvientas). Se trata de un juego de amo y doncella pero enfocado al negocio, en el que jóvenes camareras vestidas como criadas francesas sirven a los *geeks* de Akiba, que las adoran. Abundan las variaciones sobre el tema, con cafés atendidos por personajes de *anime* con el pelo de punta, e incluso alguno atendido por monjas. Para encontrarlos, se debe estar atento a los folletos y a las personas disfrazadas que captan clientes por el barrio.

MARUNOUCHI, GINZA Y CENTRO DE TOKIO > OCIO

BARRIOS

MARUNOUCHI, GINZA Y CENTRO DE TOKIO

También se sirven aperitivos y menús de precio fijo para la cena. Solo sirven almuerzos los días laborables.

🍺 GINZA LION Bar

www.ginzalion.jp; 7-9-20 Ginza, Chūō-ku; 🚇 líneas Ginza, Hibiya y Marunouchi a Ginza (salida A4)

Una institución más que un bar, fue una de las primeras cervecerías de Japón cuando la cerveza Yebisu se popularizó a principios del período Meiji. A este local se debe ir por el ambiente y olvidarse de la comida.

⭐ OCIO

⭐ AKB48 THEATRE
Música en directo

www.akb48.co.jp; 8F Don Quijote 4-3-3 Soto-kanda, Chiyoda-ku; 🚇 línea JR Yamanote a Akihabara (salida principal)

El mayor fenómeno pop de Tokio eleva el concepto del grupo de chicas a la enésima potencia superando la fórmula que tanto éxito dio a las Spice Girls. AKB48 no lo forman ni 10 ni 20 chicas, sino 50, y actúan por turnos en su propio local, en el corazón de Akihabara.

⭐ CENTRO NACIONAL DE CINE
フィルムセンター *Cine*

☎ 5777 8600; 3-7-6 Kyōbashi, Chūō-ku; cine 500/300/100 ¥, galería de arte200/70/40 ¥; 🕐 cine 15.00-22.00 ma-vi, 13.00-19.00 sa y do, galería de arte11.00-18.30 ma-sa; 🚇 línea Ginza a Kyōbashi (salida 2) o Toei Asakusa a Takarachō (salida A3)

Dependiente del Museo Nacional de Arte Moderno (p. 50), este centro proyecta una serie de películas que abarcan un abanico de temas, desde la historia de la animación japonesa hasta obras maestras de la filmografía cubana. También alberga una biblioteca y una muestra permanente de equipos cinematográficos antiguos.

⭐ TEATRO NACIONAL
国立劇場 *Teatro*

☎ 3230 3000; www.ntj.jac.go.jp/english/index.html; 4-1 Hayabusachō, Chiyoda-ku; entrada 1500-12 000 ¥ 🕐 reservas 10.00-18.00, actuaciones 11.30 y 17.00; 🚇 líneas Namboku y Yūrakuchō a Nagatachō (salida 4)

También conocido como Kokuritsu Gekijō, este teatro programa representaciones con marionetas *bunraku* increíblemente reales, manejadas cada una de ellas por tres titiriteros encapuchados. Un narrador, en pie en un estrado lateral, relata la historia utilizando diferentes voces para cada personaje. Hay funciones en febrero, mayo, septiembre y diciembre.

⭐ SESSION HOUSE
セッションハウス *Teatro*

☎ 3266 0461; 158 Yaraichō, Shinjuku-ku; entrada variable; 🕐 actuaciones

MERECE LA PENA

Ubicado en la orilla este del río Sumida, Ryōgoku es una especie de ciudad del sumo porque aquí se encuentran el estadio y los *beya*, recintos donde entrenan y residen los *rikishi* (luchadores).

Durante la temporada de torneos en **Ryōgoku Kokugikan** (☎ 3622 1100; www.sumo.or.jp; 1-3-28 Yokoami, Sumida-ku; 🕒 10.00-16.00; 🚊 línea JR Sōbu a Ryōgoku, salida oeste, Ⓜ línea Toei Ōedo a Ryōgoku, salida A4), los asientos no reservados del fondo se venden a partir de 1500 ¥ y la entrada sin asiento cuesta 500 ¥. Basta con presentarse el día que se quiera asistir, pero hay que llegar pronto ya que habrá aficionados esperando desde la noche anterior. Solo se vende una entrada por persona para evitar la reventa.

Cuando no se realizan campeonatos se puede visitar un *beya* local. Una opción es **Arashio** (www.arashio.net; 2-47-2 Nihonbashi-hamamchi; 🕒 6.30-10.30; Ⓜ línea Hibiya a Ningyochō), uno de los recintos de sumo más acogedores. Hay que estar en silencio durante los entrenamientos, pero después los visitantes están invitados a comer *chanko* y charlar con los luchadores. Visítese la web para más información y precios.

Más allá de Ryōgoku Kokugikan se halla el soberbio **Museo Edo-Tokio** (☎ 3626 9974; www.edo-tokyo-museum.or.jp; 1-4-1 Yokoami, Sumida-ku; entrada 600/300-480 ¥/gratis; 🕒 9.30-17.30 ma-vi y do, 9.30-19.30 sa; 🚊 línea JR Sōbu a Ryōgoku, salida oeste, Ⓜ línea Toei Ōedo a Ryōgoku, salida A4), que ofrece un fascinante panorama de la vida durante el período Edo. Resulta muy accesible para viajeros con discapacidades, divertido para los niños e incluso hay guías voluntarios que realizan visitas en varios idiomas. Se recomienda llamar antes para confirmar su disponibilidad.

Para más información sobre sumo, véase p. 10.

19.00; Ⓜ línea Tōzai a Kagurazaka (salida 1)

Está considerado como uno de los mejores espacios de la ciudad para presenciar danza folclórica y moderna. Su aforo es de 100 personas, lo que asegura un ambiente íntimo. Saliendo de Kagurazaka, se toma la primera callejuela a la derecha y luego se gira a la izquierda al final. El edificio queda unos metros más adelante.

⭐ **SHINBASHI ENBUJYŌ** *Teatro*
www.shochiku.co.jp/play/enbujyo;
6-18-2 Ginza, Chūō-ku; Ⓜ líneas Ginza y Asakusa a Shinbashi

Con el famoso teatro de Tokio Kabuki-za oculto entre escombros, el Shinbashi Enbujyō regresa a sus raíces erigiéndose en el principal teatro de *kabuki* de la ciudad. Un espectáculo entero de *kabuki* consta de tres o cuatro actos (por lo general, de diferentes obras) y se representa a media mañana

GREG ELMS / LONELY PLANET IMAGES ©
La emoción del béisbol en Tokyo Dome.

o por la tarde-noche (lo habitual es de 11.00 a 15.30 o de 16.30 a 21.00), con largos intermedios entre acto y acto. Si más de cuatro horas es demasiado, se pueden comprar entradas de última hora para ver un solo acto.

⭐ **TOKYO DOME** 東京ドーム
Espectáculos deportivos
☎ 5800 9999; www.tokyo-dome.
co.jp/e; 1-3-61 Kōraku, Bunkyō-ku;
desde 1800 ¥; 🚉 línea Chūō, Sōbu Suidobashi (salida oeste), Ⓜ **líneas Marunouchi y Namboku a Kōrakuen (salida Kōrakuen)**
Aficionados vestidos con *happi* (chaqueta corta) animan a sus equipos de forma sincronizada, y secciones enteras de la muy educada multitud cantan al unísono. Este pabellón es la sede del equipo de béisbol más popular del país, los Yomiuri Giants.

⭐ **TOKYO TAKARAZUKA GEKIJŌ** 東京宝塚劇場 *Teatro*
☎ 5251 2001; http://kageki.hankyu.
co.jp/english; 1-1-3 Yūrakuchō, Chiyoda-ku; entrada 3500-10 000 ¥
🕐 variable; Ⓜ **líneas Chiyoda, Hibiya y Toei Mita a Hibiya (salidas A5 y A13)**
Cuando el teatro kabuki excluyó a las mujeres, estas tomaron la iniciativa y fundaron Takarazuka Revue, en 1913. Compañías integradas por mujeres crearon un espectáculo igualmente grandioso, aunque muy diferente. Se trata de musicales con tendencia al culebrón y que atraen a una enorme cantidad de seguidoras.

>ROPPONGI

Salir de la estación de metro en el cruce de Roppongi es como entrar en la película *Blade Runner,* donde los ciudadanos con menos escrúpulos de la galaxia se dan a actividades poco recomendables bajo las crepitantes luces de neón. Sin embargo, durante la última década a Roppongi le han lavado la cara, y se nota. Roppongi Hills quizá sea tan famoso como el mismo Roppongi. Su creador, Mori Minoru, tardó diecisiete años en comprar el terreno y construir su laberíntico microcosmos de una ciudad. El otro puntal de Roppongi, Tokyo Midtown, más nuevo, tiene su propia colección de locales interesantes donde cenar e ir de compras. Los tres principales museos de la zona –el Museo de Arte Mori, el Museo Suntory de Arte y el Centro Nacional de Arte de Tokio– se conocen como el Triángulo del Arte de Roppongi, y se puede pasar el día yendo de uno a otro. Es recomendable dejar el Museo de Arte Mori para el final y ver desde allí la puesta del sol sobre la ciudad.

ROPPONGI

⊙ VER
21_21 Design Sight **1** D4
Hie-jinja **2** F2
Museo de Arte Mori....... **3** D5
Musée Tomo **4** F4
Centro Nacional de
Arte de Tokio **5** C4
Edificio de la Dieta **6** F2
Nogi-jinja **7** C3
Ōkura Shūkokan **8** F4
Sōgetsu Kaikan **9** D2
Museo de Arte Suntory .**10** D4
Torre de Tokio.............**11** G6

🏠 COMPRAS
Japan Sword **12** G4
Kurofune **13** D4
Tolman Collection **14** H6

🍴 COMER
Eat More Greens **15** D6
Gonpachi **16** C5
Inakaya ....(ver 34)
Jomon **17** D5
Kikunoi **18** D3
L'Atelier de Joël
Robuchon **19** D5
Ninja Akasaka **20** E1
Nirvanam **21** G4
Seryna **22** D4
Tokyo Curry Lab **23** G5
Ukai Tofu-ya **24** G6

🍸 BEBER
Agave **25** D4
Bernd's Bar **26** E5
Geronimo **27** D4
Heartland ....(ver 19)
Mado Lounge ....(ver 3)
Maduro **28** C5

⭐ OCIO
Abbey Road **29** D4
Alfie **30** D5
Billboard Live **31** D4
Blue Note **32** A5
BuL-Let's **33** C5
Cavern Club **34** D5
Club 328 ....**35** C5
Egbok Azabu Oriental
Clinic **36** E5
eleven **37** C5
Festa Iikura **38** F5
Lovenet.......................**39** D4
Muse **40** B5
New Lex-Edo **41** D5
STB 139 ....**42** D5
Vanity **43** E5

Véase plano a continuación

VER

21_21 DESIGN SIGHT

www.2121designsight.jp; 9-7-6 Akasaka, Minato-ku; entrada 1000 ¥; 🕑 **11.00-20.00 mi-do;** 🚇 **línea Chiyoda a Nogizaka (salida 3)**

Más estudio que museo, se propone concienciar sobre la importancia del diseño ejerciendo de faro de los entusiastas del arte locales, ya sean diseñadores o espectadores. Se realizan exposiciones regulares y debates en grupo. En la tienda iTunes puede descargarse una curiosa aplicación de 21_21 para iPhone.

HIE-JINJA 日枝神社

☎ **3581 2471; www.hiejinja.net/jinja/ english/index.html; 2-10-5 Nagatachō, Chiyoda-ku; gratis;** 🕑 **amaneceranochecer;** 🚇 **líneas Ginza y Namboku a Tameike-sannō (salidas 5 y 7)**

Una de las víctimas del bombardeo de la Segunda Guerra Mundial fue este santuario, que data de 1659. El templo en sí no es una atracción importante; lo más destacable es el acceso a través de un túnel de *torii* (puertas) rojas. También es el escenario de uno de los *matsuri* (festivales) más espectaculares de Japón. La entrada está en la plaza de cemento de Sotobori-dōri.

MUSEO DE ARTE MORI
森美術館

☎ **5777 8600; www.mori.art.museum; 53ª planta, Torre Mori, Roppongi Hills, 6-10-1 Roppongi, Minato-ku; entrada 1500 ¥;** 🕑 **10.00-22.00 mi-lu, 10.00-17.00 ma, cerrado entre exposiciones;** 🚇 **líneas Hibiya y Toei Ōedo a Roppongi (salidas 1c y 3)**

En este museo se programan exposiciones que abarcan desde

Arte contemporáneo en el Museo de Arte Mori, Roppongi Hil ls.

ANTHONY PLUMMER / LONELY PLANET IMAGES ©

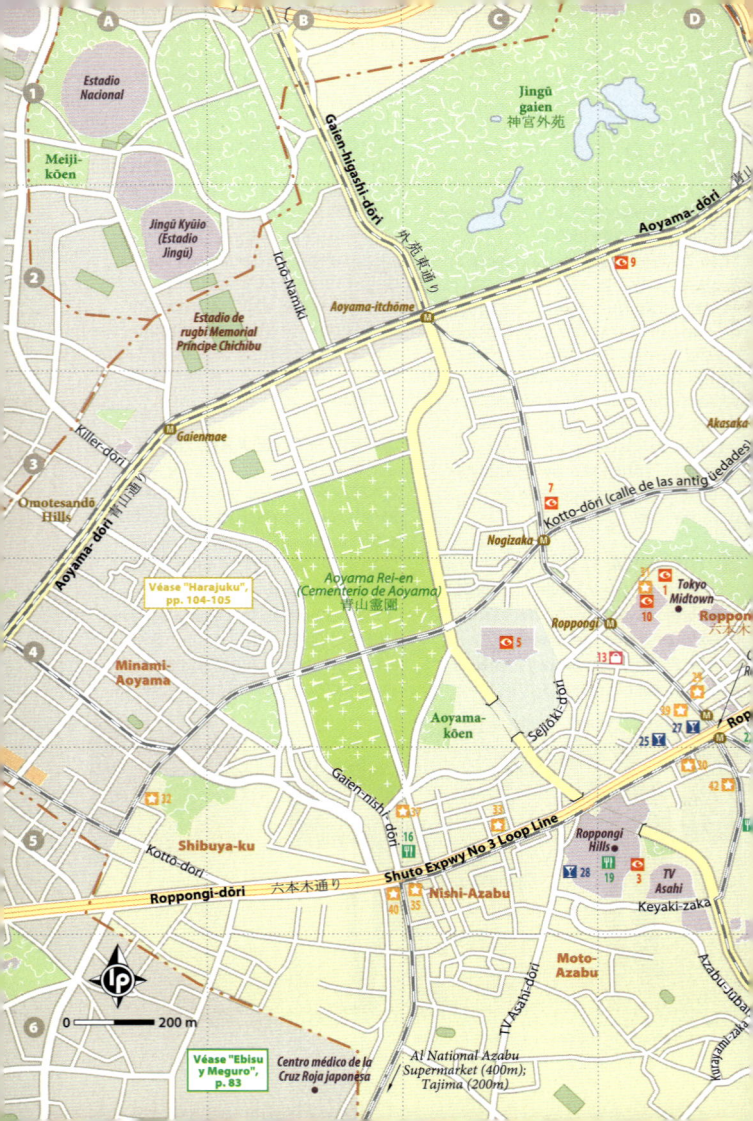

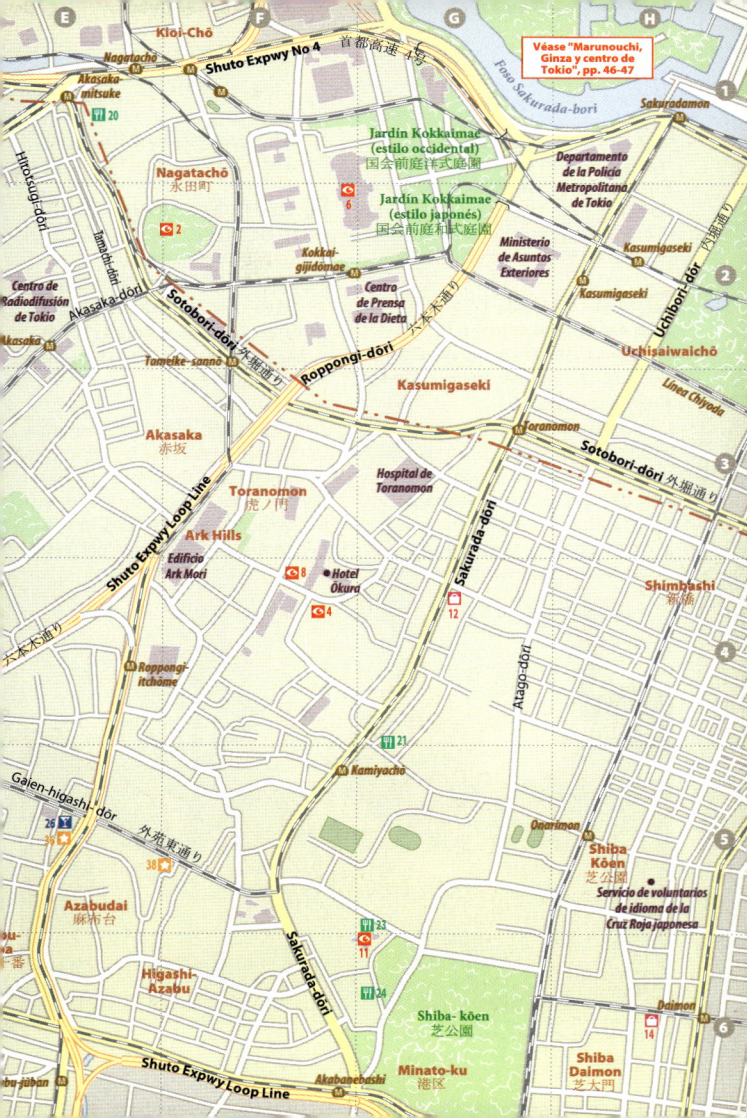

Véase "Marunouchi, Ginza y centro de Tokio", pp. 46-47

Kioi-Chō

Nagatachō

Shuto Expwy No 4

首都高速 4 号

Foso Sakurada-bori

Sakuradamon

Akasaka-mitsuke

20

Nagatachō
永田町

Jardín Kokkaimae
(estilo occidental)
国会前庭洋式庭園

Departamento
de la Policía
Metropolitana
de Tokio

Hitotsugi-dōri

Tameike-dōri

2

Jardín Kokkaimae
(estilo japonés)
国会前庭和式庭園

6

Kokkai-
gijidōmae

Centro
de Prensa
de la Dieta

Ministerio
de Asuntos
Exteriores

Kasumigaseki

Uchibori-dōri 内堀通り

Kasumigaseki

Centro de
Radiodifusión
de Tokio

Akasaka-dōri

Akasaka

Sotobori-dōri 外堀通り

Kasumigaseki

Uchisaiwaichō

Tameike-sannō

Roppongi-dōri

Akasaka
赤坂

Kasumigaseki

Línea Chiyoda

Shuto Expwy Loop Line

Toranomon
虎ノ門

Hospital de
Toranomon

Toranomon

Sotobori-dōri 外堀通り

Ark Hills

Edificio
Ark Mori

8

Hotel
Ōkura

Sakurada-dōri

Shimbashi
新橋

六本木通り

4

12

Roppongi-
itchōme

Atago-dōri

21

Gaien-higashi-dōri

Kamiyachō

26

38

外苑東通り

Onarimon

Shiba
Kōen
芝公園

Servicio de voluntarios
de idioma de la
Cruz Roja japonesa

Azabudai
麻布台

Sakurada-dōri

23

11

Higashi-
Azabu

24

Shiba-kōen
芝公園

Daimon

14

Shuto Expwy Loop Line

Akabanebashi

Minato-ku
港区

Shiba
Daimon
芝大門

BARRIOS

ROPPONGI

arte africano contemporáneo hasta una instalación gigante de Kusama Yayoi. La entrada también da acceso a la vista panorámica de la ciudad que proporciona el mirador Tokyo City View (y viceversa).

🅾 MUSÉE TOMO 智美術館
www.musee-tomo.or.jp; 4-1-35 Toranomon, Minato-ku; entrada 1300 ¥; ⌚ **10.00-16.30 ma-do;** 🚇 **línea Hibiya a Kamiyachō (salida 4b)**
Uno de los mejores y más elegantes museos de la ciudad. Su colección cuenta con una impresionante selección de piezas de cerámica expuestas en espacios que en sí mismos ya son obras de arte. Las paredes están cubiertas de papel *washi;* incluso la

cristalina barandilla que baja hasta las galerías es un antiguo encargo.

🅾 CENTRO NACIONAL DE ARTE DE TOKIO 国立新美術館
☎ **5777 8600; www.nact.jp; 7-22-2 Roppongi, Minato-ku; entrada variable;** ⌚ **10.00-18.00 mi y sa-lu, 10.00-20.00 vi;** 🚇 **línea Chiyoda a Nogizaka (salida 6), líneas Hibiya y Toei Ōedo a Roppongi (salidas 4a y 7);** ♿
El ondulado exterior de vidrio de este nuevo museo (el tercer vértice del Triángulo del Arte de Roppongi) ya merece que se contemple desde fuera y, si no resultan de interés las exposiciones que se muestran, la tienda del museo es un cofre del tesoro de regalos exquisitos.

Se puede realizar un circuito en el edificio de la Dieta.

ANTHONY PLUMMER / LONELY PLANET IMAGES ©

🔵 EDIFICIO DE LA DIETA
国会議事堂

☎ 5521 7445; www.sangiin.go.jp; 1-7-1 Nagatachō, Chiyoda-ku; ⏱ 8.00-17.00 lu-vi; Ⓜ líneas Hanzōmon, Namboku y Yūrakuchō a Nagatachō (salida 1) o líneas Marunouchi y Chiyoda a Kokkai-gijidōmae (salida 1)

Cuando la Dieta no celebra sesión, hay circuitos gratis de 60 minutos por la sede del Parlamento de Japón, construido en 1936. Su arquitectura combina estilos asiáticos y europeos modernos.

🔵 NOGI-JINJA 乃木神社
8-11-27 Akasaka, Minato-ku; ⏱ 8.30-17.00; Ⓜ línea Chiyoda a Nogizaka (salida 1)

Es un santuario en honor del general Nogi, héroe de la guerra ruso-japonesa. Horas después del funeral del emperador Meiji, Nogi y su esposa cometieron un suicidio ritual, siguiendo a su señor. Por la ventana todavía se ven las manchas de sangre en el suelo de tatami.

🔵 ŌKURA SHŪKOKAN
大倉集古館

☎ 3583 0781; www.okura.com/tokyo/info/shukokan.html; 2-10-3 Toranomon, Minato-ku; entrada 800/500 ¥/gratis; ⏱ 10.00-16.30 ma-do; Ⓜ línea Hibiya a Kamiyachō (salida 4b) o líneas Ginza y Namboku a Tameike-sannō (salida 13)

LOS TÍPICOS SITIOS PARA QUEDAR

> Estatua de *Hachikō* (p. 92); Shibuya
> Edificio Studio Alta (p. 118); Shinjuku
> León de Mitsukoshi (p. 56); Ginza
> *La araña* (escultura *Maman;* pp. 8-9); Roppongi
> Estatua de Takamori Saigō (p. 138); Ueno

Rodeado por un pequeño jardín decorado con esculturas, este museo cuenta con una impresionante colección de cajas laqueadas, pergaminos, esculturas antiguas y varios tesoros nacionales. Las colecciones de sus dos plantas van cambiando. Merece la visita si se está por los alrededores.

🔵 SŌGETSU KAIKAN
草月会館

☎ 3408 1151; www.sogetsu.or.jp/english/index.html; edificio Sōgetsu Kaikan, 7-2-21 Akasaka, Minato-ku; ⏱ 10.00-17.00 lu-ju y sa, 10.00-20.00 vi; Ⓜ líneas Ginza, Hanzōmon y Toei Ōedo a Aoyama-itchōme (salida 4)

Esta vanguardista escuela de decoración vegetal, cuya filosofía es que el *ikebana* (arreglos florales japoneses) puede ir más allá de sus raíces tradicionales, ofrece cursos en inglés. En el edificio se exhibe una muestra de estos tradicionales trabajos.

MARTIN MOOS / LONELY PLANET IMAGES ©
Contemplando la ciudad desde la Torre de Tokio.

MUSEO DE ARTE SUNTORY
サントリー美術館

www.suntory.co.jp/sma; 4F 9-7 Akasaka, Minato-ku; entrada variable; ⏰ 10.00-18.00 do-lu, hasta 20.00 mi-sa; Ⓜ línea Namboku a Roppongi 1-chome (salida 1) Esta majestuosa sala de exposiciones aprovecha su rica colección de objetos para organizar muestras que cambian con regularidad y destacar distintos aspectos del arte japonés. El arquitecto Kuma Kengō ha dado al espacio un extraordinario aire zen que debe experimentarse aunque la exposición no interese especialmente.

TORRE DE TOKIO
東京タワー

☎ 3433 5111; www.tokyotower.co.jp/english; 4-2-8 Shiba-kōen, Minato-ku; plataforma de observación principal 310-820 ¥ más; plataforma de observación especial 350-600 ¥ más; ⏰ 9.00-22.00; Ⓜ línea Hibiya a Kamiyachō (salidas 1 y 2); ♿ Aunque puede quedar en segundo plano ante las vistas desde la 52ª planta del Tokio City View de Roppongi Hills, esta torre ofrece una gran panorámica de la ciudad (mejor ir de noche) y conserva un encanto antiguo al lado de las maravillas arquitectónicas que le han sucedido. En el observatorio principal se celebran conciertos todos los miércoles y jueves por la noche.

🛍 COMPRAS

Cuando se inauguró, Roppongi Hills iluminó el barrio como un aclamado microcosmos en el interior de la megalópolis. Las tiendas exclusivas de las Hills siguen teniendo gran actividad pero, más abajo, Tokyo Midtown se ha establecido como un centro comercial sofisticado y orientado al diseño. También existen tiendas pequeñas en Akasaka y Roppongi que venden antigüedades y artesanías.

🏠 JAPAN SWORD 日本刀剣
Arte y antigüedades

☎ 3434 4321; www.japansword.co.jp; 3-8-1 Toranomon, Minato-ku; ⏰ 9.30-18.00 lu-vi, 9.30-17.00 sa; Ⓜ línea Ginza a Toranomon (salida 2)

Si *Kill Bill* hizo que el viajero recordase su afición infantil por las espadas, este respetado comerciante le ofrece un maravilloso salón de exposiciones y su gran experiencia para ayudarle a elegir la catana adecuada a su gusto y presupuesto.

🏠 KUROFUNE 黒船
Arte y antigüedades

☎ 3479 1552; www.kurofuneantiques. com; 7-7-4 Roppongi, Minato-ku; ⏰ 10.00-18.00 lu-sa; Ⓜ línea Toei Ōedo a Roppongi (salida 7)

Este establecimiento ofrece un enorme tesoro de antigüedades japonesas. De hecho, se necesitaría también un verdadero tesoro para adquirir algunas de estas piezas, como la elaborada *tansu* (cómoda japonesa) del período Edo. Especialmente recomendado para los expertos.

🏠 TOLMAN COLLECTION
Arte y antigüedades

☎ 3434 1300; www.tolmantokyo. com; 2-2-18 Shiba-Daimon, Minato-ku; ⏰ 11.00-19.00 mi-lu; Ⓜ líneas Toei Asakusa y Toei Ōedos a Daimon (salidas A3 y A6)

Para aquellos coleccionistas ávidos por adquirir una obra de arte contemporáneo, esta consolidada y valorada galería ofrece una importante representación de artistas japoneses y extranjeros. Aunque abarcan un amplio abanico de estilos, desde la abstracción al realismo, todas las piezas tienen un inconfundible aire japonés.

🍴 COMER

Es lógico que en la capital tokiota de lo *gaijin* abunden los restaurantes internacionales. Pero, en general, los precios son más caros, ya que van dirigidos a turistas y a expatriados adinerados. En los modernos centros de Roppongi Hills y Tokyo Midtown (véase plano pp. 68-69, D4 y D5) se encuentran muchos restaurantes.

Más al norte está el barrio de Akasaka, un amortiguador entre el estridente Roppongi y los tranquilos paisajes ajardinados del Palacio Imperial. Antaño zona de *geishas,* es hoy un activo centro de negocios con muchos establecimientos donde comer bien e *izakaya* donde reunirse tras la jornada laboral.

🍴 EAT MORE GREENS
Vegetariana ¥

www.eatmoregreens.jp; 2-2-5 Azabu-Jūban, Minato-ku; ⏰ almuerzo y cena;

BARRIOS

ROPPONGI

⊕ línea Toei Oedo a Azabu-júban, salidas 4 y 5a

Inspirada en los mercados de fruta y verdura de los granjeros de Nueva York, esta tienda organiza su propio mercado los sábados. Se puede elegir entre el espacioso interior o el patio exterior y saborear una deliciosa selección de platos *veganos* y vegetarianos (el arroz con champiñones es genial).

🍴 GONPACHI 権八 *Izakaya* ¥¥

☎ 5771 0170; 1-13-11 Nishi-Azabu, Minato-ku; 🕐 11.30-5.00; ⊕ líneas Hibiya, Toei Ōedos a Roppongi (salida 3)

La decoración Edo y el ambiente alegre lo hacen ideal para celebraciones, pero ¿es realmente necesario tener un motivo para darse el lujo de probar media docena de bocaditos japoneses? Arriba se puede pedir a la carta y *sushi*. Resérvese con anticipación.

🍴 INAKAYA 田舎家 *Robatayaki* ¥¥¥¥

☎ 3408 5040; www.roppongiinakaya.jp; 5-3-4 Roppongi, Minato-ku; 🕐 17.00-23.00; ⊕ líneas Hibiya y Toei Ōedo a Roppongi (salida 3)

Tiene fama de ser uno de los mejores restaurantes de *robatayaki* (carne o pescado asado para llevar). Es animado, ruidoso y antiprotocolario; solo hay que señalar lo que se quiere y lo pondrán en la parrilla, sirviéndolo con grandes

florituras. Los lujos se pagan pero el buen rato merece la pena.

🍴 JOMON ジョウモン *Yakiniku* ¥

☎ 3405-2585; www.teyandei.com /tenpo_jomon.htm; 5-9-17 Roppongi, Minato-ku; 🕐 cena; ⊕ líneas Hibiya y Toei Oedo a Roppongi (salida 3)

Tras la puerta corrediza de este local se halla una acogedora cocina con barra y asientos. Filas de ornamentadas jarras de *shochu* decoran la pared. Frente a los comensales se alinean cientos de brochetas recién preparadas; no hay que perderse la de ternera *zabuton* (400 ¥).

🍴 KIKUNOI 菊乃井 *Kaiseki* ¥¥¥¥

☎ 3568 6055; http://kikunoi.jp; 6-13-8 Akasaka, Minato-ku; 🕐 17.00-21.00 lu-sa; ⊕ línea Chiyoda a Akasaka (salida 6)

Este restaurante de *kaiseki,* cuya sede principal está en Kioto, lleva tres generaciones labrándose una reputación. Su fama nacional adquirió dimensión internacional cuando fue galardonado con dos estrellas Michelin en el 2008. Los platos de temporada, de exquisita elaboración, son tan bellos como deliciosos. Si no se habla japonés, la ventaja es que el chef Murata ha escrito un libro sobre los *kaiseki* que el personal utiliza para explicar los platos.

'KAISEKI'

Las *kaiseki* (comidas de varios platos) surgieron como complemento a las tradiciones de la ceremonia del té y con unas normas rituales parecidas, que tratan de abarcar todos los sentidos. Cada uno de los platos, que cambian con las estaciones, se preparan laboriosamente para potenciar sus sabores, colores, texturas y aromas, y se cuida extremadamente la presentación. Es la culminación de la cocina japonesa y una experiencia única. Uno de los lugares más asequibles para degustar una cena *kaiseki* es Kikunoi (p. 74), en Akasaka.

🍴 L'ATELIER DE JOËL ROBUCHON ラトリエドゥ ジョエルロブション

Francesa ¥¥¥

☎ 5772 7500; 2ª planta, Hillside, Roppongi Hills, 6-10-1 Roppongi, Minato-ku; ⏰ 11.30-14.30 y 18.00-22.00; ⊖ líneas Hibiya y Toei Ōedo a Roppongi (salidas 1c y 3)

El maravilloso chef Jöel Robuchon le dio a este restaurante francés, con dos estrellas Michelin, un aspecto de bar de *sushi*. Aunque los fantásticos platos no son demasiado generosos, todo se elabora en el momento, lo que puede resultar en largas esperas y mucho tiempo para conversar.

🍴 NATIONAL AZABU SUPER-MARKET ナショナル麻布スーパーマーケット

Supermercado internacional

☎ 3442 3181; 4-5-2 Minami-Azabu, Minato-ku; ⏰ 9.00-20.00; ⊖ línea Hibiya a Hiro-o (salidas 1 y 2)

En este establecimiento de máximo lujo es donde los cocineros de las embajadas se aprovisionan de paté de fuagrás y trufas o sus equivalentes japoneses, *uni* (erizos de mar) y *matsutake* (setas). Cuenta también con una extensa selección de vinos importados y alimentos naturales.

🍴 NINJA AKASAKA

De fusión ¥¥¥

☎ 5157-3936; www.ninjaakasaka.com; 2-14-3 Nagatachō, Chiyoda-ku; ⏰ cena; ⊖ líneas Ginza y Marunouchi a Akasaka-mitsuke (salida Belle Vie)

Un personal muy sigiloso, formado en el arte de la restauración, guía al comensal por un laberinto de trampillas y puentes levadizos antes de acomodarlo en una mesa privada donde degustar sabrosos platos japoneses como el "pollo envuelto" o el "salmón agachado". Al final de la comida un *ninja* hace magia; aunque el mejor truco de todos es el de la comida menguante, ya que las raciones son muy escasas. Debe tenerse en cuenta si se comparten platos y pedir más de uno por comensal (si se come a la carta). Resulta imprescindible reservar.

🍴 NIRVANAM *India* ¥¥
☎ 3433-1217; www.nirvanam.jp; 2F 3-19-7 Toranomon, Minato-ku; Ⓜ línea Hibiya a Kamiyachō (salida 3)

Resulta una buena idea esquivar la pompa y la solemnidad de los *dhabas* de la ciudad, regentados por famosos, y acudir a este local, el favorito de la comunidad india de Tokio. Aunque la cena pueda parecer un poco cara, el bufé libre –rebosante de *curries* picantes y *naan* tierno– es el mejor de la ciudad.

🍴 SERYNA 瀬里奈
Sukiyaki y shabu-shabu ¥¥¥
☎ 3402 1051; 3-12-2 Roppongi, Minato-ku; ⏱ 12.00-23.30 lu-vi, 12.00-22.30 sa y do; Ⓜ líneas Hibiya y Toei Ōedo a Roppongi (salidas 3 y 5); ♿

Aunque ya tiene sus años (como su carne de ternera de Kobe de alta calidad, que atrae a expatriados y viajeros), se trata de un buen lugar para comer *shabu-shabu, sukiyaki* o *teppanyaki* (barbacoa de sobremesa). Además, cuenta con un bonito jardín de rocas.

🍴 TAJIMA 蕎麦たじま
Soba ¥¥
☎ 3445-6617; www.sobatajima.jp; 3-8-6 Nishi-azabu, Minato-ku; Ⓜ línea Hibiya a Hiro-o (salida 3)

Tras una pared blanca y lisa se halla uno de los mejores restaurantes de *soba* de Tokio. La sobria decoración permite al cliente centrar toda su atención en los sabores y aromas que emanan de los platos recién preparados. Se empieza con entrantes como trocitos de boniato frito y después se pasa a las deliciosas sopas y fideos.

🍴 TOKYO CURRY LAB
Yoshoku ¥
4-2-8 Shiba-kōen, Minato-ku; Ⓜ línea Hibiya a Kamiyachō (salida 1)

Invento de Wonderwall, puntal del diseño local, parece una estación espacial bajo la sombra de la Torre de Tokio. Sirve *curry* y cuenta con pantallas de televisión para cada taburete. Los manteles individuales tienen ilustraciones hilarantes y son el recuerdo perfecto al más puro estilo "Tokio es raro".

🍴 UKAI TOFU-YA
Kaiseki ¥¥¥¥
☎ 3436-1028; www.ukai.co.jp; 4-4-13 Shiba-kōen, Minato-ku; Ⓜ línea Hibiya a Kamiyachō (salida 4)

Para comer en el restaurante más elegante de Tokio, se debe reservar una mesa al mismo tiempo que el billete de avión. Ocupa una antigua fábrica de sake trasladada desde el norte de Japón y aposentada en un exquisito jardín bajo la

Torre de Tokio. Prepara platos de temporada con tofu y acompañamientos en mil y una variedades que sorprenderán al viajero.

🍸 BEBER

Si al final de un largo día el viajero necesita relajarse en un rincón tranquilo y beber un *whisky* de malta, los bares de los hoteles de Akasaka son una buena opción. Pero, para que la noche salga realmente bien, se debe ir primero a Roppongi, donde se puede beber más por menos dinero o empezar la velada con un elegante cóctel.

🍸 AGAVE アガベ *Bar*
☎ 3497 0229; B1F, edificio Clover, 7-15-10 Roppongi, Minato-ku; ⏰ 18.30-2.00 ma-ju, 18.30-4.00 vi y sa; ⊜ líneas Hibiya y Toei Ōedo a Roppongi (salida 2)
Este lugar está pensado para saborear la sutileza de alguna de sus más de cuatrocientas variedades de tequila. Se debe probar el *añejo* o un margarita.

🍸 BERND'S BAR バーンズバー *Bar*
☎ 5563 9232; www.berndsbar.com; 2ª planta, edificio Pure Roppongi, 5-18-1 Roppongi, Minato-ku; ⏰ 17.00-madrugada lu-sa; ⊜ líneas Hibiya y Toei Ōedo a Roppongi (salida 3)
Más un *izakaya* alemán que un bar, este acogedor local huye un poco de la locura que reina en el cruce de Roppongi. Su comida alemana, auténtica y sustanciosa, acompaña la *bier* de barril.

🍸 GERONIMO ジェロニモ *Bar*
☎ 3478 7449; www.geronimoshotbar.com; 2ª planta, edificio Yamamuro, 7-14-10 Roppongi, Minato-ku; ⏰ 18.00-6.00 lu-vi, 19.00-6.00 sa y do; ⊜ líneas Hibiya y Toei Ōedo a Roppongi (salidas 3 y 4)
Este local se halla en el cruce de Roppongi, lo que lo convierte en el lugar ideal para comenzar un recorrido por el barrio. Ofrece un buen ambiente y, si a uno le da un ataque de exaltación de la amistad, puede tocar el tambor para indicar que paga una ronda a todos los presentes. ¡*Kampai*!

🍸 HEARTLAND ハートランド *Bar*
☎ 5772 7600; 1F, Paseo Oeste, Roppongi Hills, 6-10-1 Roppongi, Minato-ku; ⏰ 17.00-4.00 lu-sa; ⊜ líneas Hibiya y Toei Ōedo a Roppongi (salida 3)
Si no se tienen ganas de empezar la noche en un bar de chupitos ruidoso, siempre se puede acudir al Heartland y disfrutar de la cerveza y de las relaciones entre japoneses y *gaijin* (extranjeros) al estilo Roppongi.

🍸 MADO LOUNGE マドラウンジ *Lounge*
☎ 3470 0052; www.ma-do.jp; 52ª planta, Torre Mori, 6-10-1 Roppongi Hills,

Roppongi, Minato-ku; entrada do-ju 500 ¥, vi y sa 2000 ¥; ⏱ 10.00-23.30 do-ju, 10.00-3.00 vi y sa; ⊕ líneas Hibiya y Toei Ōedo a Roppongi (salidas 1 c y 3) Las vistas desde este moderno *lounge* con ventanales, en el piso 52º de la Torre Mori, son realmente asombrosas. Para acceder es necesario comprar primero la entrada del Museo de Arte Mori (p. 67) y/o del Tokyo City View, así que solo merece la pena pagar el extra del bar si ya se está en el edificio.

▼ MADURO マデュロ *Lounge*
☎ 4333 8888; 4ª planta, Grand Hyatt Tokyo, 6-10-3 Roppongi, Minato-ku; entrada 1500 ¥ aprox.; ⏱ 18.00-2.00 do-ju, 18.00-3.00 vi y sa; ⊕ líneas Hibiya y Toei Ōedo a Roppongi (salidas 1c y 3) Se recomienda entrar en este local desde el 6º piso sobre el puente y sumergirse en el laberíntico hotel Grand Hyatt Tokyo, para empezar la noche en un lugar chic y con música en directo. No se cobra entrada antes de las 21.00.

⭐ OCIO
⭐ ABBEY ROAD
アビーロード *Música en directo*
☎ 3402 0017; www.abbeyroad.ne.jp; B1F, edificio Roppongi Annex, 4-11-5 Roppongi, Minato-ku; entrada 1600-2100 ¥; ⏱ 18.00-24.00 lu-ju, 18.00-1.00 vi y sa; ⊕ líneas Hibiya y Toei Ōedo a Roppongi (salidas 4a y 7)

Este es uno de los dos clubes del barrio en los que tocan bandas de tributo a los Beatles realmente buenas. Hay que tomar asiento y dejarse sorprender. Además de la entrada, se exige una consumición mínima de dos bebidas. Se recomienda reservar, especialmente en fin de semana.

⭐ ALFIE *Música en directo*
http://homepage1.nifty.com/live/alfie; 5F 6-2-35 Roppongi Minato-ku; ⊕ líneas Hibiya y Toei Oedo a Roppongi (salida 1) No hay que confundirlo con Alife; este es uno de los mejores locales de *jazz* de Roppongi. Una suave luz dorada baña a los cantantes mientras los clientes saborean sus cócteles.

⭐ BILLBOARD LIVE *Rock*
www.billboard-live.com; 4F Tokyo Midtown 9-7-4 Akasaka, Minato-ku; ⊕ líneas Hibiya y Toei Oedo a Roppongi (salida 7) Glamuroso local con forma de anfiteatro en Tokyo Midtown que ha acogido a artistas extranjeros como Steely Dan, The Beach Boys y Arrested Development; y también a bandas de *jazz*, *soul* y *rock* japonesas. El servicio es excelente y las copas están bien de precio.

⭐ BLUE NOTE ブルーノート
Música en directo
☎ 5485 0088; www.bluenote.co.jp; edificio Raika, 6-3-16 Minami-Aoyama,

Minato-ku; entrada 6000-10 000 ¥;
🕐 17.30-1.00 lu-sa, 17.00-00.30 do;
🚇 líneas Chiyoda, Ginza, y Hanzōmon a
Omote-sandō (salida B3)

Los expertos acuden a este local
de *jazz*, el más importante de
Tokio, para ver de cerca a artistas
de la talla de Maceo Parker y Chick
Corea. Desde Roppongi-dōri, se
sube por Kotto-dōri y se gira a la
derecha en el sexto callejón.

⭐ BUL-LET'S ブレッツ *Club*
☎ 3401 4844; www.bul-lets.com; B1F,
edificio Kasumi, 1-7-11 Nishi-Azabu,
Minato-ku; entrada desde 1500 ¥;
🚇 líneas Hibiya y Toei Ōedo a Roppongi
(salida 2 y 3)

Se trata de un local tranquilo en
un sótano con música *trance* y
ambient donde los habituales van
descalzos. Dispone de camas y
sofás para los que quieran ponerse
cómodos; pero que nadie se enga-
ñe, no todo es paz y tranquilidad.
También se puede bailar al son de
la música electrónica y de ritmos
experimentales.

⭐ CAVERN CLUB キャヴァ
ンクラブ *Música en directo*
☎ 3405 5207; www.cavernclub.jp; 1F,
edificio Saito, 5-3-2 Roppongi, Minato-
ku; entrada mujeres/hombres 1575/1890 ¥;
🕐 18.00-2.30; 🚇 líneas Hibiya y Toei
Ōedo a Roppongi (salida 3)

Suenan versiones tan impeca-
bles de temas de los Beatles que
resulta inquietante. Las cantan
cuatro japoneses melenudos llamados The Silverbeats, y hay que
oírlos para creerlo. El local lleva el
nombre del primer sitio donde los
Beatles tocaron en Liverpool. Es
imprescindible reservar.

⭐ CLUB 328 三二八 *Club*
☎ 3401 4968; www.3-2-8.jp; B1F, edificio Kotsu Anzen Center, 3-24-20 Nishi-
Azabu, Minato-ku; entrada 2000-2500 ¥;
🕐 20.00-5.00; 🚇 líneas Hibiya y Toei
Ōedo a Roppongi (salidas 1c y 3)

Los *disc jockeys* de San-ni-pa (o
San-ni-hachi) pinchan todos los
estilos, desde *funk* hasta *R&B*. Con
su refrescante aire anti-Roppongi y
una clientela de japoneses y *gaijin*,
se puede bailar hasta el amanecer.
La entrada incluye dos consumiciones.

⭐ ELEVEN *Local nocturno*
www.go-to-eleven.com; Thesaurus
Nishiazabu B1/B2 1-10-11 Nishi-azabu,
Minato-ku; 🚇 líneas Hibiya y Toei Odeo
a Roppongi (salida 2)

El famoso y marchoso Yellow ha
vuelto para vengarse. Ahora se
llama Eleven y sigue con el mismo
ritmo. Se baja al sótano y uno
puede pasarse la noche bailando a
ritmo de *house* y *techno*.

⭐ FESTA IIKURA *Karaoke*
www.festa-iikura.com; 1F-2F edificio
Amerex 3-5-7 Azabudai, Minato-ku;

sala 3 horas y menú 4515-7350 ¥; 17.00-5.00 lu-sa; línea Toei Odeo a Azabu-Juban

Para matar dos *tori* de un tiro: comer *sushi* y desgañitarse cantando. El servicio es excelente y el alquiler de disfraces, gentileza de la casa, lo convierte en el sitio perfecto para cantar ese temazo que uno siempre practica en la ducha.

⭐ **LOVENET** ラブネット
Karaoke
☎ 5771 5511; www.lovenet-jp.com; 3F, hotel Ibis, 7-14-4 Roppongi, Minato-ku; ste privada 4000-60 000 ¥; 18.00-5.00; líneas Hibiya y Toei Ōedo a Roppongi (salida 4a)

Las excesivas habitaciones privadas de este karaoke, de imaginativa temática, van desde la más modesta Suite Árabe a la Suite Aqua, cuya carta de presentación es el *jacuzzi* desde donde los clientes pueden cantar. Dispone de una carta completa y un bar para insuflar combustible a las cuerdas vocales.

⭐ **MUSE** ミューズ *Club*
☎ 5467 1188; www.muse-web.com; 4-1-1 Nishi-Azabu, Minato-ku; entrada 3000 ¥; 19.00-tarde do-lu, 21.00-tarde ma-ju y sa, 20.00-tarde vi; líneas Hibiya y Toei Ōedo a Roppongi (salidas 1b y 3)

Cuenta con una alegre clientela internacional. Los diferentes niveles

de este club ofrecen opciones para todo el mundo: pista de baile, barras, reservados para parejas, mesas de billar, dardos y karaoke. Los fines de semana las mujeres no pagan la entrada, que incluye dos bebidas.

⭐ **NEW LEX-EDO** ニューレックス エドゥ *Club*
☎ 3479 7477; www.newlex-edo.com; B1F, Gotō Bldg, 3-13-14 Roppongi, Minato-ku; entrada mujeres/hombres 3000/4000 ¥; 20.00-5.00; líneas Hibiya y Toei Ōedo a Roppongi (salida 3)

El Lex siempre ha sido la discoteca donde aparecen los famosos y, pese al reciente lavado de cara, conserva su ambiente ameno y relajado. La entrada (que no hay que pagar si se ha salido en la portada de *Vogue* o de *Rolling Stone*) incluye tres copas.

⭐ **STB 139** *Música en directo*
☎ 5474 1395; http://stb139.co.jp; 6-7-11 Roppongi, Minato-ku; entrada 3000-7000 ¥; 6.00-23.00 lu-sa; líneas Hibiya y Toei Ōedo a Roppongi (salida 3)

A dos minutos a pie desde la estación de Roppongi, se trata de un gran espacio que acoge actuaciones de renombre. Alberga sobre todo espectáculos de *jazz*, desde *acid* hasta *big band*. Aunque no se conozca a los artistas, el ambiente será maravilloso y la calidad alta. Para reservar, hay que llamar de 11.00 a 20.00.

'TOYLETS'

En Japón llevan muy bien lo de las 'idas largas' al lavabo. Ahora Sega riza el rizo en los lavabos de los hombres con una videoconsola que da puntos por aliviar la vejiga. Los llaman *toylets* y cuentan con cuatro programas, entre los que se incluye uno en el que se levanta el vestido a una mujer al más puro estilo Marilyn Monroe. Es sencillo, cuanto más rato se pase el usuario aliviando la vejiga, más puntos obtendrá. Incluso cuenta con un puerto USB por si se desea guardar la partida.

El mejor sitio para probarlo es la Sega Megastore de Akihabara (plano pp. 46-47, F2). Los textos de las pantallas están en *kanji;* si el viajero sabe japonés, solo le hace falta apuntar bien.

⭐ **VANITY** *Local nocturno*
www.vanitylounge.com; 13F 5-5-1 Roppongi, Minato-ku; 🚇 **líneas Hibiya y Toei Oedo a Roppongi (salida 3)**
Apostado por encima del caos, surge este local nuevo en Roppon-gi, donde suena música comercial a todo volumen. Hay gogós (chicos y chicas) que animan al personal a bailar. Las vistas de la ciudad son excelentes si los ventanales no están empañados.

>EBISU Y MEGURO

Estos dos barrios de ambiente residencial no tienen tanta pegada como los rascacielos de Shinjuku o las muchedumbres de Shibuya, pero son lugares tranquilos donde relajarse paseando ante *boutiques* de lo más chic y repeticiones modernas de inventiva vida urbana.

Ebisu debe su nombre al destacado fabricante de cerveza que antaño proporcionó un medio para vivir a la mayoría de los vecinos del barrio, aunque hoy se ha convertido en un barrio exclusivo. Un corto paseo por el Skywalk desde la estación de Ebisu lleva hasta Ebisu Garden Place, otra de las microciudades de Tokio, con una hilera de tiendas y restaurantes, cientos de oficinas y dos museos. Más allá, Daikanyama atrae a los lugareños por el paraíso de sus pequeñas tiendas, mientras Naka-Meguro es más orgánico, con muchos puntos de encuentro junto al río que corre bajo los gruesos troncos de los cerezos.

EBISU Y MEGURO

👁 VER

🛍 COMPRAS

🍴 COMER

🍸 BEBER

⭐ OCIO

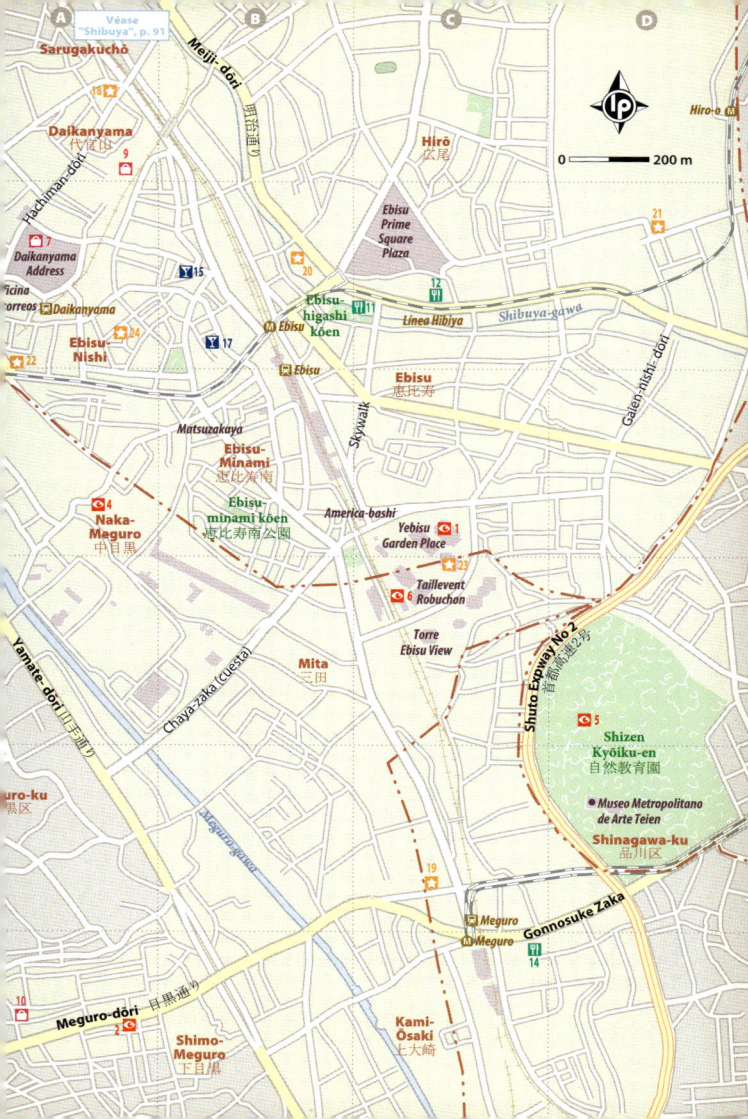

Véase "Shibuya", p. 91

Sarugakuchō

Meiji-dōri

Hiro-o

Daikanyama
代官山

Hirō
広尾

Hachiman-dōri

7
Daikanyama
Address

21

Ebisu
Prime
Square
Plaza

Oficina de Correos

Daikanyama

15

20

0   200 m

24
Ebisu-
Nishi

17

Ebisu-
higashi
kōen

11

Línea Hibiya

Shibuya-gawa

Ebisu

Ebisu

Ebisu
恵比寿

22

Skywalk

Matsuzakaya

Gaien-nishi-dōri

Ebisu-
Minami
恵比寿南

4
Naka-
Meguro
中目黒

Ebisu-
minami kōen
恵比寿南公園

America-bashi

Yebisu
Garden Place

1

23

6 Taillevent
Robuchon

Torre
Ebisu View

Mita
三田

Chaya-zaka (cuesta)

Yamate-dōri 山手通り

Shuto Expwy No 2 首都高速2号

5 Shizen
Kyōiku-en
自然教育園

Museo Metropolitano
de Arte Teien

Shinagawa-ku
品川区

Meguro-gawa

19

Meguro-ku 目黒区

10

Meguro-dōri 目黒通り

2

Shimo-
Meguro
下目黒

Kami-
Ōsaki
上大崎

Meguro

Meguro

14

Gonnosuke Zaka

👁 VER

👁 MUSEO PARASITOLÓGICO DE MEGURO 目黒寄生虫館

☎ 3716 1264; http://kiseichu.org/english.aspx; 4-1-1 Shimo-Meguro, Meguro-ku; gratis; 🕐 10.00-17.00 ma-do; 🚇 línea JR Yamanote a Meguro (salida oeste); ♿ 🚻

La visión de una tenia de 9 m de largo puede no ser del gusto de todos, pero para algunos este diminuto museo resulta fascinante. Los niños disfrutarán viendo las hileras de bichos en formol, etiquetados con sus nombres en latín. En la planta de arriba, la tienda de regalos vende llaveros y camisetas con motivos de parásitos.

👁 NAKA-MEGURO 中目黒

🚇 línea Hibiya a Naka-meguro

Para los profanos, Nakame puede parecerse a cualquier otro batiburrillo de oficinas, tiendas y apartamentos; pero los que lo conocen bien saben que esta enérgica comunidad se ha convertido en uno de los barrios de moda para vivir. Proliferan los cafés modernos a orillas del Meguro-gawa, y existen muchas opciones para cenar de maravilla.

👁 INSTITUTO NACIONAL PARA EL ESTUDIO DE LA NATURALEZA 国立自然教育園

☎ 3441 7176; www.ins.kahaku.go.jp; 5-21-5 Shirokanedai, Minaa-ku; entrada 300 ¥/gratis; 🕐 9.00-16.30 sep-abr, 9.00-17.00 may-ago; 🚇 línea JR Yamanote a Meguro (salida este), 🚇 línea Namboku a Shirokanedai (salida 1); ♿ 🚻

Este jardín (cuyo nombre en japonés es Shizen Kyōiku-en) es uno de los más desconocidos y atractivos paseos de Tokio. Muestra la flora original de la ciudad con una profusión desordenada. Se recomienda perderse entre sus bosques y pantanos, un verdadero paraíso para observadores de aves, botánicos y todo aquel que quiera huir del ritmo urbano.

👁 MUSEO METROPOLITANO DE FOTOGRAFÍA DE TOKIO 東京都写真美術館

☎ 3280 0099; www.syabi.com; 1-13-3 Mita, Meguro-ku; entrada variable; 🕐 10.00-18.00 ma, mi, sa y do, 10.00-20.00 ju y vi; 🚇 línea JR Yamanote a Ebisu (salida este a Skywalk)

Se trata del primer museo a gran escala de Japón dedicado completamente a la fotografía. Este espacio de diseño espectacular cuenta con varias galerías y, aunque se centra en la fotografía japonesa, también hay lugar para artistas internacionales. El museo se encuentra al final de Yebishu Garden Place, hacia la derecha.

Tiendas de estilo europeo entre los encantadores espacios verdes de Yebisu Garden Place.

ANTHONY PLUMMER / LONELY PLANET IMAGES ©

MUSEO DE LA CERVEZA YEBISU

www.sapporobeer.jp; 4-20-1 Ebisu; circuito (en japonés) 500 ¥; 10.00-18.00 ma-do; línea JR Yamanote a Ebisu (salida este a Skywalk)

Reformado hace poco, repasa los 120 años de historia de la cerveza Yebisu mediante una serie de fotografías, utensilios y paneles. La entrada es gratis, pero hay circuitos guiados por 500 ¥ que incluyen una cerveza y una cata. Además, el guía explica cómo sujetar bien la copa al beber.

COMPRAS
DAIKANYAMA 代官山
Boutiques

línea Tōkyū Tōyoko a Daikanyama

El geométrico país de las maravillas de Daikanyama es un paraíso para los aficionados a las compras situado en una serie de pequeñas colinas. Aquí no hay otra cosa que hacer que quemar la tarjeta de crédito y sentarse en los cafés; y no es una crítica. El barrio evita las grandes marcas en favor de las *boutiques* únicas, por lo que los precios son caros pero hay bastantes tesoros por descubrir. Aunque es una zona muy extensa comparada con otros rincones de Tokio, el centro del barrio rodea el **Daikanyama Address**, un complejo comercial famoso por sus luces nocturnas.

🏠 KAMAWANU かまわぬ
Artesanía

☎ 3780 0182; www.kamawanu.co.jp en japonés; 23-1 Sarugakuchō, Shibuya-ku; 🕐 11.00-19.00; 🚃 línea JR Yamanote a Ebisu (salida oeste) o línea Tōkyū Tōyoko a Daikanyama (salida principal)

Pequeña tienda especializada en bonitas *tenugui* teñidas a mano; son aquellas toallitas omnipresentes en Japón, que se usan tanto para secarse el sudor como para envolver el *bentō* (comida para llevar).

🏠 MISC *Muebles, menaje*

Meguro Interior Shops Community; www.misc.co.jp; Meguro-dōri, Meguro-ku; 🚃 línea JR Yamanote a Meguro (salida oeste)

No se trata de una tienda moderna, sino de un barrio entero de bonitas tiendas de muebles, tesoros, curiosidades y prendas de mercadillo de segunda mano. Y todo en una tentadora hilera de interesantes escaparates. Entre los favoritos se cuentan **Moody's** (www.moody-s.net; 4-26-3 Meguro), **Claska** (www.claska.com; 1-3-18 Nakatachō) y **Brunch** (http://brunchone.com; 3-12-7 Meguro). Los diversos cafés de la zona resultan ideales para una pausa.

🏠 UNLIMITED BY LIMI FEU
リミフウ *Moda*

☎ 3463 6324; www.limifeu.com; 7-4 Daikanyamachō, Shibuya-ku; 🕐 12.00-21.00; 🚃 línea Tōkyū Tōyoko a Daikanyama

Aunque se cambió el apellido de su célebre padre, Yohji Yamamoto, la influencia desconstruccionista de este es palpable en los diseños de su hija. Limi Feu ha creado un estilo propio, callejero, del gusto de las mujeres con la estética del distrito de Daikanyama.

🍴 COMER

🍴 **EBISU-YOKOCHŌ**
Puestos de comida   ¥¥

www.ebisu-yokocho.com; 1-7-4 Ebisu, Shibuya-ku; 🚃 línea JR Yamanote a Ebisu

En Ebisu abundan los restaurantes elegantes, así que estos puestos de comida callejeros son una sorpresa. Sirven de todo, desde carne de caballo cruda hasta *okonomiyaki*; y lo sirven en sitios curiosos y animados, entre el repiqueteo de las ollas y nubes de vapor.

🍴 IPPŪDŌ 一風堂 *Ramen*   ¥

☎ 5420 2225; 1-3-13 Hiroo, Shibuya-ku; 🕐 11.00-16.00; 🚃 línea JR Yamanote a Ebisu (salida este), 🚇 línea Hibiya a Ebisu (salidas 1 y 2); 👶

Famosa en todo el país, esta tienda de *ramen* se especializa

BARRIOS

EBISU Y MEGURO

en fideos con *ankotsu* (caldo de cerdo). Mientras que el *akamaru ramen* (caldo de cerdo con aceite rojo) se dirige al paladar tokiota, el *shiromaru* (más suave) es típico de Kyūshū (con ajo fresco rallado por encima). En las horas punta se forma cola y, por cortesía, no se debe tardar más de veinte minutos en comer, pero merece la pena.

🍴 MAISON PAUL BOCUSE

Francesa ¥¥¥¥

☎ 5468-6324; www.paulbocuse.jp; B1F Daikanyama Forum 17-16 Sarugakucho, Shibuya-ku; 🚇 línea Tōkyū Tōyoko a Daikanyama (salida principal)

Paul Bocuse, chef estrella y coleccionista de estrellas Michelin, causa sensación en el corazón de Daikanyama con su cocina clásica francesa. Se recomienda probar la sopa de trufa; se dice que catapultó la carrera de Bocuse. Cuenta con una sucursal en el Centro Nacional de Arte (p. 70), en Roppongi.

🍴 TONKI とんき *Tonkatsu* ¥¥

☎ 3491-9928; 1-1-2 Shimo-Meguro, Meguro-ku; 🕐 solo almuerzo mi-lu, cerrado 3er lu de mes; 🚇 línea JR Yamanote a Meguro (salida oeste)

Cuando un local ofrece solamente tres opciones es que hace muy bien las cosas. Aquí sirven tres tipos de *tonkatsu*. Se diría que el servicio es casi científico; los cocineros memorizan el orden en el que se sientan los clientes, así que solo hay que sentarse en cualquiera de los bancos y al cabo de un rato llega la comida, perfectamente preparada, con arroz, col y sopa de *miso*.

BEBER

🍸 TABLEAUX LOUNGE *Bar*

www.lounge.tableaux.jp; B1 11-6 Sarugakucho, Shibuya-ku; 🚇 línea Tōkyū Tōyoko a Daikanyama

El lugar ideal para los amantes del *jazz*, el vino y los puros; todo a la luz de los candelabros y con estanterías llenas de libros. El precio de las copas arranca en 1000 ¥ y la banda empieza a tocar a las 21.30. Ofrecen ostras y cohíbas. Se halla junto al popular restaurante Tableaux.

🍸 WHAT THE DICKENS

ワットザディケンズ *Pub*

☎ 3780 2099; www.whatthedickens. jp; 4F, edificio Roob 6, 1-13-3 Ebisu-Nishi, Shibuya-ku; 🕐 17.00-tarde ma-sa, 17.00-24.00 do; 🚇 línea JR Yamanote a Ebisu (salida oeste), 🚇 línea Hibiya a Ebisu (salida 2)

Se trata de uno de los mejores *pubs* ingleses de Tokio. Tranquilo y espacioso, suele acoger actuaciones de grupos que interpretan música suave. Buenas canciones, comida sustanciosa y Guinness de barril, ¿qué más se puede pedir?

BARRIOS

EBISU Y MEGURO

OCIO

⭐ AIR エアー *Club*

☎ 5784 3386; www.air-tokyo.com; B1F y B2F, edificio Hikawa, 2-11 Sagurakuchō, Shibuya-ku; 🚇 línea Tōkyū Tōyoko a Daikanyama (salida principal) o línea JR Yamanote a Shibuya (salida sur)

Los *disc jockeys* pinchan música *house* y la multitud suele ser alegre y amable, aunque no muy inclinada al baile. Se encuentra en un callejón al noroeste de Hachiman-dōri, al sur de la estación de Shibuya. Hay un plano en su página web. Se accede por el restaurante Frames y exigen documento de identidad.

⭐ BLUES ALLEY JAPAN ブルースアレイ日本一

Música en directo

☎ 5496 4381; www.bluesalley.co.jp, en japonés; B1F, Hotel Wing International, 1-3-4 Meguro, Meguro-ku; entrada desde 3500 ¥; 🕐 14.00-24.00 lu-sa; 🚇 línea JR Yamanote a Meguro (salida oeste)

El nombre lo resume muy bien: un pequeño local donde relajarse si se prefiere el ritmo del *blues* al del *hip-hop*. La mayoría de los intérpretes son reconocidos músicos japoneses de *blues*, con actuaciones ocasionales de *jazz*.

⭐ LIQUID ROOM リキッドルーム

Música en directo

☎ 5464 0800; www.liquidroom.net; 3-16-6 Higashi, Shibuya-ku; entrada desde 3000 ¥; 🕐 19.00-hasta tarde; 🚇 línea JR Yamanote a Ebisu (salida este)

Algunos de los mejores artistas del mundo han pasado por su escenario, desde Flaming Lips a Linton Kwesi Johnson. Este amplio local es un lugar excelente para ver la actuación de algún grupo favorito o descubrir uno nuevo.

⭐ SMASH HITS スマシヒッツ *Karaoke*

☎ 3444 0432; www.smashhits.jp; B1F, edificio M2 Hiro, 5-2-26 Hiro-o, Shibuya-ku; entrada 3500 ¥; 🕐 19.00-3.00 lu-sa; 🚇 línea Hibiya a Hiro-o (salida B2)

Hay que atreverse con la versión de *My Way* de Sid Vicious aunque solo sea para ver la cara de los amigos. Aquí se ofrece diversión de alto nivel, con 12000 canciones en inglés donde escoger para que el viajero pueda disfrutar de sus quince minutos de fama. No hay límite de tiempo y la entrada incluye dos bebidas.

⭐ UNIT ユニット *Club*

☎ 5459 8630; www.unit-akyo.com; B1F-B3F, edificio Za House, 1-34-17 Ebisu-Nishi, Shibuya-ku; entrada desde 3000 ¥; 🕐 variable; 🚇 línea Tōkyū

Tōyoko a Daikanyama, 🜚 línea Hibiya a Naka-Meguro

Este espacio subterráneo dispone de un restaurante, un club y un bar, uno en cada planta. Aquí actúan los *disc jockeys* más famosos de Japón, así como bandas musicales. Se requiere el documento de identidad.

⭐ YEBISU GARDEN CINEMA
恵比寿ガーデンシネマ *Cine*
☎ 5420 6161; Yebisu Garden Place, 4-20-2 Ebisu, Shibuya-ku; entrada 1800/1000 ¥, 1er día de mes 1000 ¥; 🕐 10.00-23.00; 🚇 línea JR Yamanote a Ebisu (salida este a Skywalk)

Ubicado en Yebisu Garden Place, donde se puede comer algo antes y tomar un cóctel después, este cine ofrece una gran variedad de películas. Se va llamando a los asistentes por orden de llegada según el número asignado.

⭐ YOGAJAYA ヨガジャヤ *Yoga*
☎ 5784 3622; www.yogajaya.com; 2ª planta, 1-25-11 Ebisu-Nishi, Shibuya-ku; clase de prueba/alquiler de material 1500/300 ¥; 🕐 7.00-21.30 lu-vi, 11.00-19.30 sa y do

Se imparten clases de yoga (principalmente Hatha, Ashtanga y Sivananda), en japonés y en inglés.

>SHIBUYA

Los antropólogos que estudian a los urbanitas descubrirán un material interesante en este barrio, epicentro de la cultura joven de Tokio. Probablemente, el viajero haya visto alguna vez el cruce de Shibuya, con su marea humana, que es liberada por la luz verde cada pocos minutos, y las enormes pantallas que se alzan sobre sus cabezas. Los grandes almacenes buscan atraer la atención de estos potenciales clientes que pasan en pelotón. Entre las tribus urbanas más llamativas se encuentran las *mamba*, chicas bronceadas con los párpados pintados de blanco y el cabello teñido de rubio, minifaldas diminutas y botas altas. Estas jóvenes son una subdivisión de las *gyaru*, que se caracterizan por el consumismo, el interés por la moda y la música Shibuya-kei (al estilo de Shibuya). La cultura *gyaru* se ramifica en muy diversas variantes, al igual que los callejones que parten del cruce de Shibuya y que conforman su hábitat natural. Se las puede ver en pastelerías con bufé libre, tiendas de discos especializadas, *izakaya* y clubes, en tiendas de saldo que venden accesorios y en un millón de *boutiques* de moda.

SHIBUYA

🔵 VER

Estatua de Hachikō	**1**	C4
Colina de los hoteles del amor	**2**	A4
Parco Factory	(véase 10)	
Cruce de Shibuya	**3**	C4
Museo de Energía Eléctrica Tepco	**4**	C2

🟠 COMPRAS

And A	**5**	C2
Disk Union	**6**	B3
Loft	**7**	B3
Mandarake	**8**	B3
Manhattan Records	**9**	B3
Parco I	**10**	B3
Parco II	**11**	B3
Parco III	**12**	B3
Ragtag	**13**	B3
Recofan	(véase 8)	

Shibuya 109	**14**	B4
Shibuya Publishing & Booksellers	**15**	A2
Three Minutes Happiness	**16**	B3
Tōkyū Hands	**17**	B3
Tower Records	**18**	C3

🍴 COMER

Den Rokuen-Tei	(véase 10)	
Kaikaya	**19**	A4
Nabezo	**20**	B3
Sakana-tei	**21**	A4
Toriyoshi	**22**	B4
Tsukiji Honten	**23**	B3

🍸 BEBER

Beat Café	**24**	A3
Chestnut & Squirrel	**25**	D4
Nonbei-yokochō	**26**	C3
Pink Cow	**27**	D3

⭐ OCIO

Bunkamura Theatre Cocoon	**28**	A3
Cine Amuse East & West	**29**	A3
Cinema Rise	**30**	B3
Club Asia	**31**	A4
Club Quattro	**32**	B3
Harlem	**33**	A4
JZ Brat	**34**	B5
Kanze Nō-gakudō (Teatro Kanze Nō)	**35**	A3
La.mama	**36**	B4
Ruby Room	**37**	B4
Shibuya O-East	**38**	A4
Shibuya O-West	**39**	A4
Tokyo Metropolitan Children's Hall	**40**	C3
Womb	**41**	A4

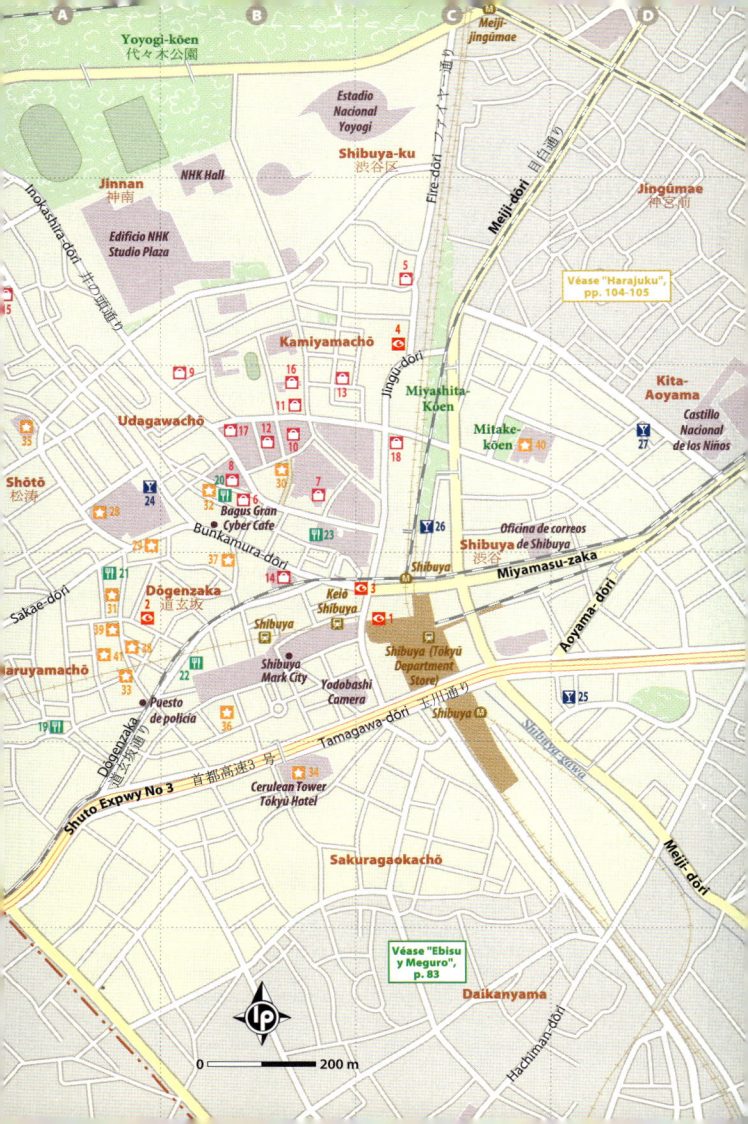

👁 VER

🅒 ESTATUA DE HACHIKŌ
ハチ公像

En la salida Hachiko de la estación de Shibuya JR se encuentra la escultura de un perro, que da nombre a la estación, y constituye el punto de encuentro más famoso de la ciudad. Su historia es conmovedora (véase recuadro abajo).

🅒 COLINA DE LOS HOTELES DEL AMOR

Alrededor de la cima de Dōgenzaka se halla la mayor concentración de hoteles del amor de Tokio. Aunque sean para parejas, son una opción si se acaba tarde por la zona. Los precios para pasar la noche son razonables (véase p. 93).

🅒 PARCO FACTORY
パルコファクトリー

☎ 3477 5873; www.parco-art.com; 6F, Parco Part 1, 15-1 Udagawachō, Shibuya-ku; entrada desde 300 ¥;

MERECE LA PENA

Un sueño para todo moderno, el **Museo de Arte Contemporáneo de Hara** (4-7-25 Kitashinagawa, Shinagawa-ku; entrada 1000 ¥; 🕙 11.00-17.00 ma-do, hasta 20.00 mi; 🚈 línea JR Yamanote a Shinagawa, salida Takanawa) es una mansión reconvertida en un espacio artístico poco convencional, con exposiciones temporales y un puñado de maravillas siempre expuestas (incluida una instalación de Morimura Yasumasa). Además de su fascinante arquitectura y de sus exposiciones, el edificio tiene su historia; en otra época albergó la embajada de Sri Lanka y a los soldados estadounidenses de la ocupación. Se pueden recorrer todos sus rincones y después tomar algo en el fantástico café y pasar por la interesante tienda de regalos.

🕙 10.00-21.00; 🚈 línea JR Yamanote a Shibuya (salida Hachikō)

En la línea que caracteriza el espíritu del barrio, esta galería promociona el arte contempo-

UNA VIDA DE PERROS

En la década de 1920, un profesor que enseñaba en lo que actualmente es la Universidad de Tokio tenía un pequeño perro de raza *akita* llamado *Hachikō*. El can acompañaba al profesor hasta la estación de Shibuya todas las mañanas e incluso iba a buscarle a la vuelta por la tarde. Un día de primavera de 1925, el profesor murió de un infarto estando en la universidad y nunca regresó a casa. *Hachikō* continuó yendo a la estación cada día para esperar a su amo hasta que falleció, diez años después. La fidelidad del animal conmovió a los vecinos, que construyeron una estatua para honrar su memoria en el lugar donde murió. Actualmente se ha convertido en un típico punto de encuentro, así que suele estar rodeada de gente que espera a alguien.

HOTELES DEL AMOR

En la actualidad, los famosos hoteles del amor de Japón también se conocen como *boutique, love* o *fashion hotels.* Los hay para todos los gustos: desde castillos góticos hasta templos de Oriente Medio. Y eso en lo que se refiere al exterior, ya que algunas habitaciones pueden ser incluso más extravagantes. Aunque la mayoría se concentran en la colina de los hoteles del amor (véase p. 92), se pueden encontrar en casi todos los distritos. En las entradas se colocan pantallas con imágenes de las habitaciones disponibles y algunos vestíbulos cuentan incluso con máquinas expendedoras de juguetes sexuales. Se puede alquilar la habitación por algunas horas pero, si se planea permanecer toda la noche, el registro es después de las 21.00 o 22.00 y las tarifas resultan asequibles (8000 ¥ aprox.). Las parejas del mismo sexo quizás tengan problemas para registrarse, pero pueden insistir en que son *tomodachi* (amigos).

ráneo con un toque de cultura pop. Entre las muestras exhibidas más recientemente, se cuentan una retrospectiva del escultor *otaku* Bome, obras inspiradas en el fallecido padre del *anime,* Osamu Tezuka, y una exposición de juguetes.

🔵 CRUCE DE SHIBUYA

Lo primero que llama la atención de Shibuya son las mareas de gente que pasan por aquí a cualquier hora del día. El cruce de Shibuya es uno de los más concurridos del mundo; por lo menos cien mil personas lo atraviesan cada hora. Vale la pena hacer una pausa para observarlo desde lo alto del Starbucks.

🔵 MUSEO DE ENERGÍA ELÉCTRICA TEPCO 電力館

☎ 3477 1191; 1-12-10 Jinnan, Shibuya-ku; gratis; ⏰ 10.00-18.00 ju-ma;

🚇 línea JR Yamanote a Shibuya (salida Hachikō); ♿ 🚻

Uno de los mejores museos de ciencia de Tokio, cuenta con siete plantas de exposiciones sobre todos los aspectos relacionados con la electricidad y su producción y, además, es muy participativo.

🛍 COMPRAS

Solo en Udagawachō existe un centenar de tiendas de discos, muchas especializadas en un género. Sus estantes incluyen vinilos raros y discos editados solo en Japón con las tarifas estándar en este tipo de comercios.

🛍 DISK UNION

ディスクユニオン *Música*

☎ 3476 2627; http://diskunion. net; edificio Antenna 21, 30-7 Udagawachō, Shibuya-ku; ⏰ 11.30-21.00; 🚇 línea JR Yamanote a Shibuya (salida Hachikō)

Esta cadena vende discos nuevos y de segunda mano en este local de Center Gai. Cada planta se dedica a un género musical diferente, incluidos *punk* y *jazz*. Cuenta con una gran tienda en Shinjuku (p. 123) y otras más pequeñas en diversos lugares de la ciudad.

🔲 LOFT ロフト *Menaje y regalos*

☎ 3462 3807; 21-1 Udagawachō, Shibuya-ku; 🕒 10.00-21.00; 🚇 línea JR Yamanote a Shibuya (salida Hachikō) Esta tienda ofrece un amplio abanico de artículos prácticos, como toallitas de seda, muebles elegantes y artículos de cocina coloridos; pero lo mejor son las tonterías, como el ambientador para zapatos con forma de carita de erizo sonriente o los adornos para teléfonos móviles. Disponen de otro local en Ikebukuro (p. 132).

🔲 MANDARAKE まんだらけ *Libros*

☎ 3477 0777; www.mandarake. co.jp; B2F, edificio Shibuya Beam, 31-2 Udagawachō, Shibuya-ku; 🕒 12.00-20.00; 🚇 línea JR Yamanote a Shibuya (salida Hachikō) Vende una gran variedad de *manga* y también organiza actuaciones de *cosplay*. Los fans más entusiastas deben visitar la tienda principal de Nakano, con tres plantas rebosantes de *manga* nuevos y usados, *anime*, juegos y coleccionables relacionados con los personajes.

🔲 MANHATTAN RECORDS マンハッタンレコード *Música*

☎ 3477 7737; 1ª planta, 10-1 Udagawachō, Shibuya-ku; 🕒 12.00-21.00; 🚇 línea JR Yamanote a Shibuya (salida Hachikō) Ofrece discos de *hip-hop* y tiene folletos con la programación de los clubes locales. En los callejones a ambos lados de este edificio se hallan otras tiendas de música.

🔲 PARCO 1, 2 & 3 パルコパ ート1, 2&3 *Grandes almacenes*

☎ 3464 5111; 15-1 Udagawachō, Shibuya-ku; 🕒 10.00-20.30; 🚇 línea JR Yamanote a Shibuya (salida Hachikō) En este lugar se pueden encontrar versiones de cualquier modelito que se haya visto por el cruce de Shibuya. Estos grandes almacenes están especialmente dirigidos a fans de Vivienne Westwood y otros diseñadores de estética colegial, y además albergan galerías de arte que programan instalaciones multimedia, pintura de vanguardia y exposiciones sobre moda.

🔲 RAGTAG *Moda*

☎ 3476 6848; www.ragtag.jp; 1-17-7 Jinnan, Shibuya-ku; 🕒 12.00-21.00; 🚇 línea JR Yamanote a Shibuya (salida Hachikō) Para que la cartera no se resienta tanto, una buena estrategia con-

BARRIOS

SHIBUYA

DE COMPRAS EN SHIMO-KITAZAWA
'**Shimokita**' (www.shimokitazawa.org; ⓞ línea Odakyū a Shimo-kitazawa) Una alternativa moderna a barrios muy concurridos como Harajuku. Buscando bien, se hallan tesoros ocultos en viejos callejones y sótanos llenos de cosas. Se puede probar en:

Shimokita Garage Department (2-25-8 Kitazawa) Un sitio poco convencional que da un giro al concepto de grandes almacenes alquilando espacios a artesanos locales para que vendan sus productos, ya sean joyas o bufandas. También se vende ropa de segunda mano.

Haight & Ashbury (2-37-2 Kitazawa) Parece el armario olvidado de una *drag queen* fumadora empedernida. De aquí sale todo lo que uno necesita para interpretar cualquier pieza teatral, desde la escena campestre de *Sonrisas y lágrimas* hasta la número estrella de *Cabaret*.

Village Vanguard (2-10-15 Kitazawa) La réplica moderna a Don Quijote (p. 123) es pequeña y estrecha, pero su colección es más excéntrica y divertida.

New York Joe Exchange (3-26-4 Kitazawa) Prendas de segunda mano de calidad en este *sentō* reformado.

siste en pasearse por las tiendas de segunda mano de Tokio. En Ragtag siempre se encuentran hallazgos de categoría, sobre todo de marcas de diseñadores japoneses, tanto para mujer como para hombre.

🏠 RECOFAN レコファン
Música

☎ 5454 0161; www.recofan.co.jp; 4ª planta, edificio Shibuya Beam, 31-2 Udagawachō, Shibuya-ku; ⏱ 11.00-21.00; 🚇 línea JR Yamanote a Shibuya (salida Hachikō)

La marca dispone de varias sucursales por toda la ciudad. Esta en concreto ofrece una amplia variedad de música que incluye folk, *soul*, *J-pop* y *reggae*. Entre esta y la tienda Mandarake (véase p. 94) del sótano, se pueden pasar varias horas.

🏠 SHIBUYA 109 渋谷109
Grandes almacenes

☎ 3477 5111; 2-29-1 Dōgenzaka, Shibuya-ku; ⏱ 10.00-21.00 lu-vi, 11.00-22.30 sa y do; 🚇 línea JR Yamanote a Shibuya (salida Hachikō)

Estos grandes almacenes venden el último grito en moda para la cultura joven de Shibuya, desde los minivestidos de colores saturados típicos de las *gyaru* hasta los calcetines que a las colegialas les gusta combinar con sus minúsculas faldas.

🏠 SHIBUYA PUBLISHING & BOOKSELLERS *Libros*

www.shibuyabooks.net; 17-3 Kamiyamachō, Shibuya-ku; ⏱ 12.00-22.00; 🚇 línea JR Yamanote a Shibuya

Buena y ecléctica librería de barrio donde se puede hallar algún tesoro descatalogado. También publica sus propios libros, ofrece cursos de edición y diseño y organiza exposiciones temáticas cada mes.

🚇 THREE MINUTES HAPPINESS
Menaje y regalos
☎ 5459 1851; 3-5 Udagawachō, Shibuya-ku; ⏱ 11.00-21.00; 🚇 línea JR Yamanote a Shibuya (salida Hachikō)
Esta tienda ha colocado sus artículos en viejas cámaras frigoríficas, lo que hace de la compra una experiencia divertida, además de barata. En la planta baja se puede adquirir ropa, zapatos y accesorios, mientras que en la planta superior se encuentran los enseres para el hogar.

🚇 TŌKYŪ HANDS 東急ハンズ
Menaje y regalos
☎ 5489 5111; 12-18 Udagawachō, Shibuya-ku; ⏱ 10.00-20.30; 🚇 línea JR Yamanote a Shibuya (salida Hachikō)
Aunque se trata de una sucursal un poco más pequeña y apretada que la de Takashimaya Times Square, esto no resta encanto a sus maravillosos artículos. Se pueden encontrar otras tiendas en Shinjuku (p. 124) e Ikebukuro (p. 136).

🚇 TOWER RECORDS
タワーレコード *Música*
☎ 3496 3661; 7ª planta, edificio Tower Records, 1-22-14 Jinnan, Shibuya-ku;

ANTHONY PLUMMER / LONELY PLANET IMAGES ©
Trajes de tiburón y regalos en Tōkyū Hands.

⏱ 10.00-23.00; 🚇 línea JR Yamanote a Shibuya (salida Hachikō)
Efectivamente, es una cadena, pero esta sucursal es la tienda de música más grande de Tokio y, a pesar de su tamaño, siempre está abarrotada. Esta tienda ofrece además una gran selección de revistas y periódicos de todo el mundo. Aquí las revistas son notablemente más baratas que en cualquier otro lugar de la ciudad.

🍴 COMER
🍴 DEN ROKUEN-TEI デンロクエンテイ *Asiática de fusión* ¥¥
☎ 6415 5489; 8ª planta, Parco Part 1, 15-1 Udagawacho, Shibuya-ku;

🕐 11.00- 24.00; 🚇 línea JR Yamanote a Shibuya (salida Hachikō)
Platos japoneses de *izakaya* con un toque moderno, que cambian con las estaciones, se combinan aquí con una selección de vinos, cervezas y cócteles de sake. Dispone de salas privadas con tatami, pero en este relajado y elegante local en lo alto de Parco 1, destaca la encantadora terraza al aire libre.

🍴 **KAIKAYA** 開花屋 *Izakaya*　　¥¥
☎ 3770 0878; www.kaikaya.com; 23-7 Maruyamachō, Shibuya-ku; 🕐 11.30-15.00 y 17.00-23.00 lu-vi, 11.30-23.00 sa; 🚇 línea Keiō Inokashira a Shinsen (salida principal) 🚇 línea JR Yamanote a Shibuya (salida Hachikō)
Este acogedor *izakaya* es un poco difícil de encontrar, pero la búsqueda se verá recompensada con un ambiente agradable y excelentes platos de pescado fresco que incluyen toques de fusión sin perder la esencia de la comida japonesa. Además, dispone de carta en inglés. Para llegar, al salir de la estación de Shibuya se sigue por Dōgenzaka, se gira a la derecha al llegar a la garita policial y allí se pregunta por el local.

🍴 **NABEZO** *Shabu-shabu*　　¥¥
☎ 3461-2941; http://nabezo.jp; Beams 6F 31-2 Udagawachō, Shibuya-ku; 🕐 cena; 🚇 línea JR Yamanote a Shibuya, salida Hachikō

La sucursal de Shibuya de esta cadena con bufé libre es ideal para los que prueban el *shabu-shabu* por primera vez. Los comensales disponen de dos horas para mojar todos los trozos que puedan de carne cruda de cerdo y ternera en la olla del centro de la mesa.

🍴 **SAKANA-TEI** 酒菜亭
Izakaya　　¥¥
☎ 3780 1313; 4ª planta, edificio Koike, 2-23-15 Dōgenzaka, Shibuya-ku; 🕐 17.30-23.00 lu-sa; 🚇 línea JR Yamanote a Shibuya (salida Hachikō)
Este *izakaya* sin pretensiones pero elegante es un especialista en sake frecuentado por los expertos y tiene una buena relación calidad-precio. Aunque la carta solo se encuentra en japonés se pueden señalar los platos expuestos en la barra y comenzar con una degustación de sake. Se debe reservar con antelación y, una vez dentro, apagar el teléfono móvil (normas de la casa).

🍴 **TORIYOSHI** 鳥良 *Yakitori*　　¥¥
☎ 5784 3373; B1F, edificio Sekaido, 2-10-10 Dōgenzaka, Shibuya-ku; 🕐 17.00-24.00 lu-ju, 17.00-4.00 vi y sa; 🚇 línea JR Yamanote a Shibuya (salida Hachikō)
Sus *yakitori* (brochetas de pollo a la brasa) tienen un añadido de sofisticación porque se acompañan de vino y cócteles, aunque sin descuidar su auténtico tostado al carbón.

BARRIOS

SHIBUYA

Los menús degustación son una buena idea para probar diversas variedades de *yakitori* y tofu.

TSUKIJI HONTEN
築地本店 *Sushi y sashimi* ¥

24-8 Udagawacho, Shibuya-ku; almuerzo y cena; línea JR Yamanote a Shibuya (salida Hachikō)

Entre los *kaiten sushi* (restaurantes de *sushi* en cinta), este local en pleno caos de Shibuya no tiene rival. Tras una efusiva bienvenida, el cliente es escoltado a los bancos de la derecha hasta que queda un sitio libre. Hay un mínimo de siete platos.

BEBER

BEAT CAFÉ *Bar*

33-13-3 Udagawachō, Shibuya-ku; línea JR Yamanote a Shibuya (salida Hachikō)

Bar algo cutre en el meollo de la acción al que se acude por la música. El viajero se junta con la clientela habitual, una mezcla de lugareños y extranjeros que toman cerveza y charlan bajo la atenta mirada de un alce disecado.

CHESTNUT & SQUIRREL *Bar*

3F edificio Ooishi 3-7 Shibuya, Shibuya-ku; mi; línea JR Yamanote a Shibuya (salida este)

Establecimiento muy popular entre las lesbianas de la zona, con aire internacional y una propietaria que habla inglés.

NONBEI-YOKOCHŌ *Pubs, lounges*

Aunque Shibuya atrae especialmente a adolescentes y veinteañeros, cuenta con una ecléctica selección de *pubs* y *lounges,* sobre todo a lo largo de Nonbei-yokochō, al noreste de la estación de Shibuya, cerca de la vía de JR. Supone la versión 'shibuyense' de Golden Gai (p. 14), con bares apiñados y un puñado de gente en cada uno.

PINK COW ピンクカウ *Bar*

☎ 3406 5597; www.thepinkcow.com; B1F, Villa Moderna, 1-3-18 Shibuya, Shibuya-ku; 17.00-hasta tarde ma-do; línea JR Yamanote a Shibuya (salida Hachikō)

Este bar es un lugar agradable en el que obras de artistas locales adornan las paredes, se ofrece música en directo y se pueden encontrar desde inversores de capital riesgo hasta grupos de costura. Suelen cobrar entrada para eventos especiales. Lo mejor es su bufé libre de los viernes y sábados por la noche (2800 ¥), que cuenta con una clientela internacional.

OCIO

TEATRO COCOON EN BUNKAMURA 文化村シアターコクーン *Teatro*

☎ 3477 9111; www.bunkamura.co.jp/english; 2-24-1 Dōgenzaka, Shibuya-ku;

entradas desde 4000 ¥; ⏱ 10.00-19.00 do-ju, 10.00-21.00 vi y sa; 🚇 línea JR Yamanote a Shibuya (salida Hachikō); ♿ Bunkamura es un complejo cultural que alberga un cine, una sala de conciertos, una galería de arte y este teatro, el Cocoon, que brinda un espacio íntimo para actuaciones musicales y dramáticas, de las más diversas procedencias y estilos, desde la más innovadora hasta la tradicional. Para información sobre la programación, consúltese su página web.

⭐ **CINE AMUSE EAST & WEST** シネアミューズ *Cine*
☎ 3496 2888; 2-23-12 Dōgenzaka, Shibuya-ku; entradas 1800/1000 ¥, 1000 ¥ 1er día de mes (excepto ene); ⏱ 10.00-23.00; 🚇 línea JR Yamanote a Shibuya (salida Hachikō)
Con dos pantallas y un excelente sonido, este cine proyecta películas japonesas subtituladas en inglés, así como estrenos internacionales. Un espacio pequeño y cómodo con una variada oferta de sitios de ocio cercanos.

⭐ **CINEMA RISE** シネマライズ *Cine*
☎ 3464 0051; 13-17 Udagawachō; entradas 1800/1000 ¥, 1000 ¥ 1er día de mes (excepto ene); ⏱ 10.00-23.00; 🚇 línea JR Yamanote a Shibuya (salida Hachikō)
Este cine en el corazón de Shibuya ofrece producciones independientes de calidad.

⭐ **CLUB ASIA** クラブアジア *Club*
☎ 5458 2551; www.clubasia.co.jp; 1-8 Maruyamachō, Shibuya-ku; entrada 2500 ¥ aprox.; ⏱ 17.00-5.00; 🚇 línea JR Yamanote a Shibuya (salida Hachikō)
Un enorme club de *techno/soul* que merece una visita si se es veinteañero. Cada noche, el éxito de las sesiones se mide por las multitudes que llenan el local. Para comer algo antes de lanzarse a bailar, cuenta con un restaurante con platos del sureste asiático abierto hasta las 22.00.

⭐ **CLUB QUATTRO** クラブクアトロ *Música en directo*
☎ 3477 8750; www.club-quattro.com/schedule_shib.php; 4ª y 5ª plantas, edificio Parco Quattro, 32-13 Udagawachō, Shibuya-ku; entrada variable; ⏱ 18.00-hasta tarde; 🚇 línea JR Yamanote a Shibuya (salida Hachikō)
Es un escaparate consolidado para roqueros locales e internacionales. Se encuentra en uno de los edificios de los grandes almacenes Parco (el Parco Quattro), así que el acceso resulta un poco extraño. Se debe comprar la entrada con antelación.

⭐ **HARLEM** *Club*
☎ 3461 8806; www.harlem.co.jp; 2ª y 3ª plantas, edificio Dr Jeekahn's, 2-4 Maruyamachō, Shibuya-ku; entrada 2000-3000 ¥; ⏱ 22.00-5.00 ma-sa;

BARRIOS

SHIBUYA

línea JR Yamanote a Shibuya (salida Hachikō)

Aquí es a donde se dirigen los jóvenes japoneses con peinados estilo *afro* para escuchar música *soul* y *hip-hop* pinchada por *disc jockeys* internacionales. Harlem no admite grupos de hombres extranjeros, de manera que hay que ir con acompañante femenina.

⭐ **JZ BRAT** *Música en directo*
☎ 5728 0168; www.jzbrat.com; 2ª planta, Cerulean Tower Tōkyū Hotel, 26-1 Sakuragaokachō, Shibuya-ku; entrada variable; ⏰ desde 18.00 lu-sa; 🚇 línea JR Yamanote a Shibuya (salida sur)

Este elegante club de *jazz* es un lugar íntimo con ambiente sofisticado, alberga actuaciones que no se limitan al *jazz* e incluyen desde cantantes solistas hasta tríos de improvisación. También pasan por aquí músicos de folk y electrónica. Para saber la programación, consúltese la cartelera local.

⭐ **KANZE NŌ-GAKUDŌ**
観世能楽堂 *Teatro*
☎ 3469 5241; 1-16-4 Shōtō, Shibuya-ku; entradas desde 3000 ¥; ⏰ variable; 🚇 línea JR Yamanote a Shibuya (salida Hachikō)

Este teatro está vinculado a una de las más antiguas y respetadas escuelas de *nō* (teatro musical clásico japonés) de Tokio. Son emocionantes sus esporádicas

noches Takigi Nō, cuando actores enmascarados hacen representaciones al aire libre iluminados por antorchas. Se trata de una experiencia extraordinaria, a solo 15 minutos andando desde la estación de Shibuya.

⭐ **LA.MAMA**
ラママ *Música en directo*
☎ 3464 0801; www.lamama.net; B1F, edificio Primera Dogenzaka, 1-15-3 Dōgenzaka, Shibuya-ku; entrada desde 2000 ¥; ⏰ 18.00-tarde; 🚇 línea JR Yamanote a Shibuya (salida Hachikō)

Una buena apuesta para asistir a actuaciones en directo de artistas japoneses. La sala es bastante espaciosa, pero incluso con el local lleno se estará lo suficientemente cerca de la próxima estrella tokiota de la canción.

⭐ **RUBY ROOM**
ルビルーム *Lounge*
☎ 3780 3022; www.rubyroomtokyo. com; 2ª planta, edificio Kasumi, 2-25-17 Dōgenzaka, Shibuya-ku; entrada 2000 ¥; ⏰ 21.00-hasta tarde; 🚇 línea JR Yamanote a Shibuya (salida Hachikō)

Esta fantástica coctelería se halla en la colina tras el Edificio 109. Cuenta con *disc jockeys* y conciertos en directo. La entrada incluye una consumición pero, si se cena abajo, en Sonoma, se accede de forma gratuita. En su página web se puede ver un mapa.

⭐ SHIBUYA O-EAST 渋谷オ ーイースト *Música en directo*

☎ 5458 4681; www.shibuya-o.com; 2-14-8 Dōgenzaka, Shibuya-ku; entrada desde 2500 ¥; 🕐 19.00- tarde; 🚇 línea JR Yamanote a Shibuya (salida Hachikō) O-East alberga actuaciones de famosos grupos japoneses e internacionales. Es necesario reservar con antelación porque suele llenarse.

⭐ SHIBUYA O-WEST 渋谷オ ーウエスト *Música en directo*

☎ 5784 7088; www.shibuya-o.com; 2-3 Maruyamachō, Shibuya-ku; entrada desde 2500 ¥; 🕐 19.00-madrugada; 🚇 línea JR Yamanote a Shibuya (salida Hachikō) Este local se halla frente a su homólogo oriental y se centra en el *punk rock* y el *J-pop*. También aquí se debe reservar con antelación.

⭐ TOKYO METROPOLITAN CHILDREN'S HALL 東京都児 童会館 *Parque de atracciones*

☎ 3409 6361; www.fukushihoken. metro.tokyo.jp/jidou/English/index. html; 1-18-24 Shibuya, Shibuya-ku; entrada gratis; 🕐 9.00-17.00; 🚇 línea

JR Yamanote a Shibuya (salida Hachikō) Se trata de un edificio con seis plantas llenas de actividades para niños. Y, además, es gratis. Los fines de semana se abre el patio de la azotea para corretear. Todos los días hay talleres artísticos por edades, narración de cuentos, composición musical y creativas zonas de juegos. En el momento de elaborar esta guía se encontraba cerrado debido al terremoto de marzo del 2011. Se recomienda consultar su web para comprobar que haya abierto de nuevo al público.

⭐ WOMB ウーム *Club*

☎ 5459 0039; www.womb.co.jp; 2-16 Maruyama-chō, Shibuya-ku; entrada 1500-4000 ¥; 🕐 20.00-tarde; 🚇 línea JR Yamanote a Shibuya (salida Hachikō) En sus cuatro plantas reina la música *house*, *techno* y *drum and bass*, y se llena los fines de semana. Existen folletos en las tiendas de discos de Shibuya e imprimibles desde su web que incluyen descuentos de entre 500 y 1000 ¥. Para entrar solicitan documento de identidad con foto.

>HARAJUKU

Viajar desde Harajuku hasta Aoyama supone pasar del consumismo de la cultura pop al refinamiento total. Desde la estación de JR Harajuku, se debe tomar la salida de Takeshita a Takeshita-dōri, un paraíso de accesorios para adolescentes y peluquerías que pueden convertir el cabello más liso en rastas y volúmenes *afro*. Otra opción es salir en Omote-sandō, un bulevar rodeado de tiendas de Chanel, Prada y el niño mimado de Tokio: Louis Vuitton. Y uno puede encontrarse aquí también con el nuevo centro comercial de la zona, Omotesando Hills.

A ambos lados de Omote-sandō, Ura-Hara (como se llama a los callejones de Harajuku) esconde cafés de estilo europeo, innovadoras galerías de arte, restaurantes y tiendas para todos los bolsillos. Cuanto más al sureste de Omote-sandō, más cerca se está de Aoyama, un barrio elegante en el que se han establecido varios diseñadores locales. Y si la tarjeta de crédito ya echa humo, se puede optar por mirar escaparates y observar la moda que inunda las calles.

HARAJUKU

VER
- Museo Laforet Harajuku .... (véase 16)
- Meiji-jingū **1** C2
- Museo Nezu.................**2** G6
- Omote-sandō-dōri **3** E5
- Museo de Arte Conmemorativo Ōta....**4** D4
- Prada Aoyama **5** F5
- Edificio Spiral **6** E5
- Museo Watari de Arte Contemporáneo **7** F3
- Yoyogi-kōen **8** B4

COMPRAS
- Bapexclusive **9** F5
- Chicago **10** D4
- Commes des Garçons ..**11** D4
- Condomania **12** D4
- Hysteric Glamour **13** C5

- Issey Miyake **14** F5
- Kiddyland **15** D5
- Laforet **16** D4
- On Sundays **17** D3
- Oriental Bazaar **18** E4
- Pass the Baton **19** E4
- Sou-Sou .... (véase 24)
- Takeshita-dōri **20** D3
- Tsukikageya **21** A4
- Undercover **22** F6
- WE GO **23** D4
- Yohji Yamanoto **24** F6

COMER
- A to Z Café **25** E6
- Harajuku Gyoza Rō **26** D4
- Honoji **27** D4
- Kinokuniya **28** E5
- Kyūshū Jangara **29** D4
- Le Bretagne **30** E4

- Maisen **31** E4
- Mominoki House **32** E3
- Mother Kurkku **33** E3
- Nid Café **34** F5
- Ume-no-hana **35** F4

BEBER
- Den Aquaroom **36** F6
- Tokyo Apartment Café .... (véase 16)

OCIO
- Estadio Jingū.............**37** G2
- Le Baron **38** F4
- Estadio Nacional **39** F1
- Tokyo Metropolitan Gymnasium **40** F1

Véase plano a continuación

👁 VER

👁 MUSEO LAFORET HARA-JUKU ラフォーレミュジアム原宿

☎ 6406 6378; www.lapnet.jp/index.
html; 6ª planta, edificio Laforet, 1-11-6
Jingūmae, Shibuya-ku; precio variable;
🕐 11.00-20.00; 🚉 línea JR Yamanote a
Harajuku (salida Omote-sandō), Ⓜ línea
Chiyoda a Meiji-jingūmae (salida 5); ♿
Este museo, ubicado en la 6ª planta
de los grandes almacenes Laforet,
funciona como galería o como
escenario, según la ocasión. Se
celebran pequeños festivales de
cine, exposiciones y fiestas de in-
auguración. Después de disfrutar
de la creatividad en forma de ropa
de calle en las plantas inferiores, se
puede ver aquí como arte propia-
mente dicho.

👁 MEIJI-JINGŪ 明治神宮

☎ 3379 5511; www.meijijingu.or.jp; 1-1
Yoyogi Kamizonochō, Shibuya-ku; gratis;
🕐 amanecer-anochecer; 🚉 línea JR Yamanote a Harajuku (salida Omote-sandō)
Los terrenos interiores de Meiji-
jingū, **Meiji-jingū-gyoen** (entrada
500/200 ¥; 🕐 9.00-16.30), conforman un hermoso jardín creado por el
emperador Meiji como regalo a
la emperatriz Shōken. Además,
albergan el **Museo del Tesoro** (entrada
300 ¥; 🕐 9.00-16.00 sa, do y fest), que
exhibe, por ejemplo, los trajes
ceremoniales del emperador.

👁 MUSEO NEZU 根津美術館

☎ 3400 2536; www.nezu-muse.or.jp;
6-5-1 Minami-Aoyama, Minato-ku;
1000/700 ¥; 🕐 10.00-17.00 ma-do;
Ⓜ líneas Chiyoda, Ginza, Hanzōmon a
Omote-sandō (salidas A4 y A5)
Pasado el Prada Aoyama, desde
Omote-sandō, se halla este refugio
entre tantas tiendas. Celosías de
madera marcan la discreta entrada
y dentro se exhibe una maravillosa
colección de objetos, incluida una
bonita galería de bronces chinos.
Pero la mayor atracción es su
frondoso jardín, con tres grandes
árboles que cobijan cuatro casas
de té escondidas.

👁 OMOTE-SANDŌ-DŌRI

Chiyoda, Ⓜ líneas Ginza y Hanzomon a
Omote-sandō
Como si se tratara de los Campos
Elíseos de Tokio, esta calle es un
paseo en el que se alinean árboles
y selectas *boutiques* de moda. En
Navidad luce los adornos más
espectaculares de la ciudad.

👁 MUSEO DE ARTE CONMEMORATIVO ŌTA 太田記念美術館

☎ 3403 0880; www.ukiyoe-ota-muse.
jp/english.html; 1-10-10 Jingūmae,
Shibuya-ku; 1000/700 ¥ 🕐 10.30-17.30
ma-do, cerrado del 27 a finales de cada
mes; 🚉 línea JR Yamanote a Harajuku
(salida Omote-sandō), Ⓜ línea Chiyoda
a Meiji-jingūmae (salida 5)

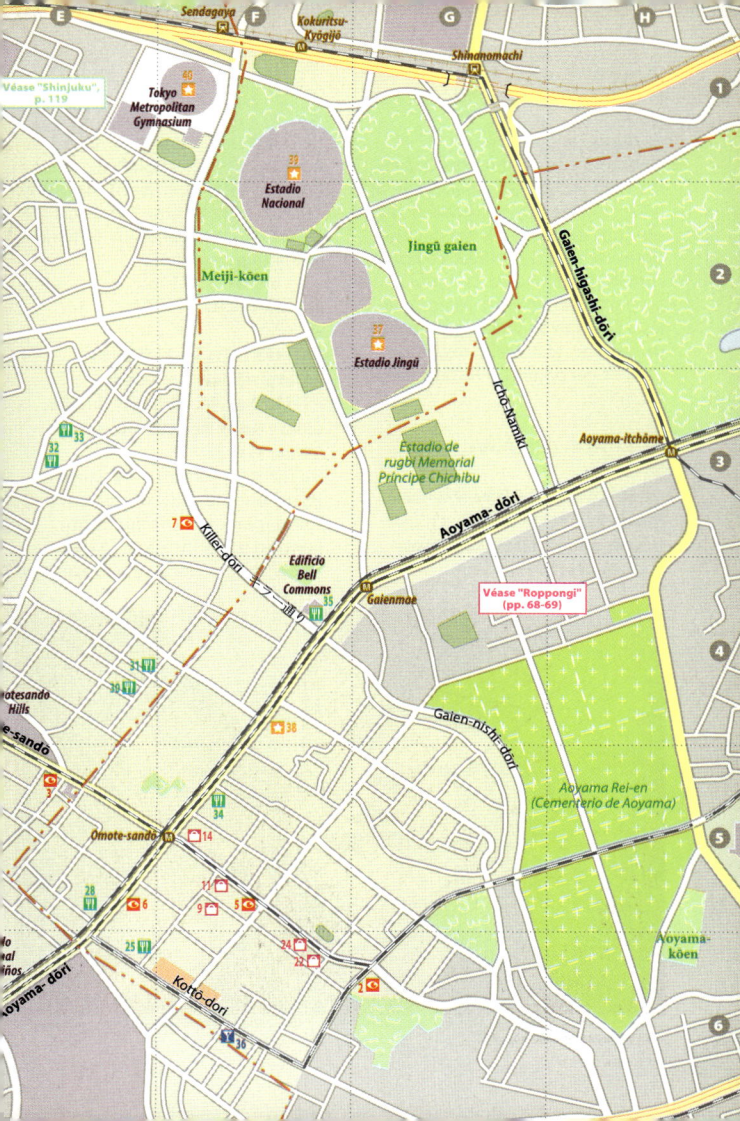

E · **F** · Sendagaya · Kokuritsu-Kyōgijō · **G** · Shinanomachi · **H**

Véase "Shinjuku", p. 119

Tokyo Metropolitan Gymnasium 40

39 Estadio Nacional

Meiji-kōen

Jingū gaien

37 Estadio Jingū

Ichō-Namiki

Estadio de rugbi Memorial Príncipe Chichibu

Gaien-higashi-dōri

Aoyama-Itchōme

7

Killer-dōri

Edificio Bell Commons

35 Gaienmae

Aoyama-dōri

Véase "Roppongi" (pp. 68-69)

33

32

31

30

Gaien-nishi-dōri

Aoyama Rei-en (Cementerio de Aoyama)

otesando Hills

e-sando

36

34

3

Omote-sando 14

28

12
9 5
6

24
22

25

Aoyama-dōri

Kottō-dōri

Aoyama-kōen

36

2

BARRIOS

HARAJUKU

Se depositan los zapatos en el vestíbulo y se calzan unas zapatillas para recorrer las salas y ver la colección de *ukiyo-e* (grabados en bloques de madera), que incluye obras de grandes maestros como Hiroshige y Hokusai. La tarifa aumenta para muestras especiales. El museo se halla colina arriba por una angosta calle detrás de Laforet. Su página web dispone de un mapa.

🔴 PRADA AOYAMA
プラダ青山

☎ 6418 0400; 5-2-6 Minami-Aoyama, Minato-ku; 🕐 11.00-20.00; 🚇 líneas Chiyoda, Ginza y Hanzōmon a Omote-sandō (salidas A4 y A5)

Se puede ir a comprar o, simplemente, a ver su burbujeante fachada de cristal. Diseñada por el estudio Herzog & de Meuron, esta estructura de apariencia orgánica destila sensualidad.

🔴 EDIFICIO SPIRAL
スパイラルビル

☎ 3498 1171; 5-6-23 Minami-Aoyama, Minato-ku; gratis; 🕐 11.00-20.00; 🚇 líneas Chiyoda, Ginza y Hanzōmon a Omote-sandō (salida B1); ♿

Su forma geométrica y asimétrica no parece muy sinuosa por fuera, pero su nombre cobra sentido en el interior. La galería del 1er piso alberga exposiciones,

El impresionante Prada Aoyama.

EVERETT KENNEDY BROWN / EPA / CORBIS

DESIGN FESTA

La bienal Design Festa tiene lugar en mayo y diciembre en el Salón Internacional de Exposiciones de Tokio, más conocido como Tokyo Big Sight (p. 157). Cientos de artistas jóvenes y desconocidos (incluidos diseñadores de moda, actores, cineastas y músicos) alquilan espacios en el gigantesco West Hall para mostrar los frutos de sus genios creativos. Esta feria es perfecta para hacerse una idea del panorama artístico de Tokio y para conseguir una camiseta exclusiva o una pieza de joyería única. Si el viaje no coincide con las fechas de celebración, se puede visitar la exageradamente decorada **Design Festa Gallery** (☎ 3479 1442; www.designfesta.com; 3-20-18 Jingūmae, Shibuya-ku; gratis; ☼ 11.00-20.00), que abre todo el año excepto –precisamente– durante la Design Festa.

espectáculos, locales para comer y actuaciones musicales. En el 2º piso hay tiendas de libros de arte, *washi*, joyería y artículos de diseño.

🎯 MUSEO WATARI DE ARTE CONTEMPORÁNEO
ワタリウム美術館

☎ 3402 3001; www.watarium.co.jp; 3-7-6 Jingūmae, Shibuya-ku; 1000/800 ¥; ☼ 11.00-19.00 ma-do 🚇 línea Ginza a Gaienmae (salida 3)

Conocido como Watarium, este lugar alberga muestras de arte conceptual y *performances*, interpretadas, por ejemplo, por compañías escandinavas que realizan coreografías utilizando aspiradores o japonesas que se embadurnan con pegamento. Aquí se puede encontrar mucho arte vanguardista contemporáneo, especialmente instalaciones multimedia.

🎯 YOYOGI-KŌEN
代々木公園

☎ 3469 6081; 2-1 Yoyogi Kamizonochō, Shibuya-ku; gratis; ☼ 24 h; 🚇 JR Yamanote

CONECTARSE Y VER TOKIO GRATIS

Aunque la barrera del lenguaje resulta evidente nada más llegar a Tokio, al viajero le sorprenderá saber que existen muchos grupos de voluntarios dispuestos a enseñar la ciudad a los turistas. Y lo mejor es que lo hacen gratis, pero se debe reservar con antelación. Véase:

Edo Tokyo Guides (http://blog.goo.ne.jp/edo_tokyo_int)
Free Walking Tour (http://freewalkingtour.org)
Shinagawa SGG Club (www1.cts.ne.jp/~koasa/SGG)
Tokyo SGG Club (www2.ocn.ne.jp/~sgg/introduction.html)
Volunteer Walking Tour Blog (http://volunteerfreewalking.blogspot.com)

a Harajuku (salida Omote-sandō), 🚃 línea Chiyoda a Yoyogi-kōen (salida 4); ♿

Las 54 Ha del parque Yoyogi formaban parte de la Villa Olímpica de 1964 y son zona pública desde 1967. Se sale hacia la derecha de la estación de JR Harajuku, se gira a la derecha otra vez y se continúa por la carretera que bordea el parque hasta la entrada. Se recomienda echar un vistazo a las impactantes líneas del complejo deportivo National Yoyogi Gymnasium, enfrente.

🛍 COMPRAS

🛍 BAPEXCLUSIVE ベイプエクスクルーシヴ *Moda*

☎ 3407 2145; 5-5-8 Minami-Aoyama, Minato-ku; 🕙 11.00-19.00; Ⓜ líneas Chiyoda, Ginza, Hanzōmon a Omote-sandō (salida A5)

Esta tienda es la prueba de que la marca del diseñador *underground* Nigo –BAPE (forma abreviada de A Bathing Ape)– ha dejado de ser superexclusiva para convertirse en un gran éxito. Ahora cuenta con una docena de tiendas "secretas", difíciles de encontrar, en Harajuku y Aoyama. Esta es un buen punto de partida para fans de la marca y aficionados a la arquitectura.

🛍 CAT STREET *Moda*

Ⓜ línea Chiyoda a Meiji-jingūmae

Una buena alternativa a Takeshita-dōri, este callejón de Omote-

sandō se nutre de un surtido siempre cambiante de *boutiques* de diseñadores. Su arquitectura es casi un espectáculo en sí misma, ya que las marcas pequeñas levantan aquí sus "templos del consumismo" si no pueden permitírselo en la calle principal.

🛍 CHICAGO *Moda vintage*

www.chicago.co.jp; 6-31-21 Jingūmae, Shibuya-ku; 🕙 11.00-20.00; Ⓜ línea Chiyoda a Meiji-jingūmae (salida 1)

La típica ropa americana de segunda mano nunca pasa de moda en Tokio, y Chicago ha sido el 'distribuidor' elegido desde que se pusieron de moda los tops. Aquí se busca, se rebusca y se encuentra de todo, desde abrigos *tweed* hasta jerseys universitarios de Harvard.

🛍 COMME DES GARÇONS コムデギャルソン *Moda*

☎ 3406 3951; 5-2-1 Minami-Aoyama, Minato-ku; 🕙 11.00-20.00; Ⓜ líneas Chiyoda, Ginza y Hanzōmon a Omote-sandō (salida A4)

Rei Kawakubo fue reconocida internacionalmente a principios de la década de 1980 por sus diseños minimalistas en negro mate, y sus líneas han evolucionado desde esa simplicidad. Sin embargo, con cortes asimétricos, ilusiones de tejidos rasgados y mangas ausentes, su estilo se caracteriza por saltarse las normas. Esta maravilla

La última moda en los escaparates de Laforet (p. 110).

MARTIN MOOS / LONELY PLANET IMAGES ©

arquitectónica de Aoyama es su tienda principal.

CONDOMANIA
コンドマニア *Regalos*

☎ 3797 6131; 6-30-1 Jingūmae, Shibuya-ku; 🕐 10.30-23.00; 🚇 línea JR Yamanote a Harajuku (salida Omote-sandō), Ⓜ línea Chiyoda a Meiji-jingūmae (salida 4)

Dentro de esta minúscula tienda se vende todo tipo de preservativos. Para las visitas al hotel del amor o para regalar a los amigos, se puede escoger entre los enigmáticos "condones para masturbadores" o los más conservadores, que simplemente brillan en la oscuridad.

HYSTERIC GLAMOUR ヒステリックグラモー *Moda*

☎ 3409 7227; www.hystericglamour.jp; 6-23-2 Jingūmae, Shibuya-ku; 🕐 11.00-20.00; 🚇 línea JR Yamanote a Harajuku (salida Omote-sandō), Ⓜ línea Chiyoda a Meiji-jingūmae (salida 4)

Aunque se encuentra más cerca de la burla que de la histeria o el *glamour* de los que habla su nombre, lo cierto es que vende artículos divertidos con el sabor de Tokio. Incluso cuenta con una línea para niños: lo último en *punk* de diseño para los pequeños roqueros. Los aficionados al diseño querrán ver la sucursal curvilínea de Roppongi Hills.

🏠 ISSEY MIYAKE 三宅一生
Moda

☎ 3423 1407; 3-18-11 Minami-Aoyama, Minato-ku; ⏰ 10.00-20.00; Ⓜ líneas Chiyoda, Ginza y Hanzōmon a Omote-sandō (salida A4)

Este diseñador sigue apostando por la moda conceptual y anarquista. Se debe echar un vistazo a sus famosos diseños plisados y a sus prendas A-POC –hechas de una sola pieza de tela–, que se muestran en la zona de tiendas de Aoyama, al sur de Omote-sandō. El escaparate tipo galería de arte merece la visita. En el otro extremo de la calle se halla la nave espacial de Prada.

🏠 KIDDYLAND
キディランド *Juguetes*

☎ 3409 3431; www.kiddyland.co.jp; 6-14-2 Jingūmae, Shibuya-ku; ⏰ 10.00-20.00, cerrado 3er ma de mes; Ⓜ línea Chiyoda a Meiji-jingūmae (salida 4)

Tres plantas de cositas *kawaii* (monas) para los más pequeños de las que se enamorarán los mayores: un montón de peluches, gomas para el pelo que parecen gominolas, máquinas que venden muñecos a 200 ¥, muchos productos Hello Kitty, figuritas de plástico y juegos ruidosos hacen que esta tienda sea de lo más tentador (y que esté llena los fines de semana). La tienda principal, en Omote-sandō-dōri,

se halla en obras hasta finales del 2012; la dirección aquí indicada es la de una tienda pequeña en Cat Street.

🏠 LAFORET ラフォーレ *Moda*

☎ 3475 0411; 1-11-6 Jingūmae, Shibuya-ku; ⏰ 11.00-20.00; 🚆 línea JR Yamanote a Harajuku (salida Omote-sandō)

Expresar identidad e individualidad es una de las aspiraciones de la moda y la juventud de Tokio, y esta tienda es famosa por llevar este concepto un paso más allá. Aquí ver pasar a los compradores se parece mucho a salir a mirar escaparates. Cuando ya se esté al día de las tendencias, se puede subir al museo de la 6ª planta (p. 103).

🏠 ON SUNDAYS *Libros*

☎ 3470 1424; www.watarium.co.jp; 3-7-6 Jingūmae, Shibuya-ku; ⏰ 11.00-20.00 ma-do; Ⓜ línea Ginza a Gaienmae (salida 3)

Asociado al Museo Watari de Arte Contemporáneo (p. 107), este establecimiento cuenta con una ecléctica colección de arte de vanguardia a la venta, además de una enorme selección de postales y una maravillosa variedad de objetos decorativos funcionales, como bolsos que parecen figuras de *origami* o accesorios de oficina de estilo escandinavo. En el subsuelo se halla una acogedora librería y café.

🏠 ORIENTAL BAZAAR オリエンタルバザー *Artesanía*

☎ 3400 3933; 5-9-13 Jingūmae, Shibuya-ku; ⏱ 10.00-19.00 ju-ma; Ⓜ línea Chiyoda a Meiji-jingūmae (salida 4)

Situado en plena calle principal, aunque algo desubicado por su fachada a medio camino entre el diseño Disney y el de un templo, se trata de un buen sitio para comprar si lo que se busca son recuerdos variopintos del viaje. Aunque la colección de abanicos, juegos de sake, *yukata* y cerámica es poco inspirada, los precios son sorprendentemente baratos dada la zona.

🏠 PASS THE BATON *Accesorios*

www.pass-the-baton.com; B2 Omotesando Hills 4-12-10 Jingūmae, Shibuya-ku; Ⓜ líneas Ginza, Chiyoda y Hanzomon a Omote-sandō (salida A3)

Representa la nueva ola en compras de segunda mano y no es solo una tienda fascinante, es un museo. Se define como "el nuevo reciclaje", y es una auténtica cueva del tesoro llena de preciados objetos, desde camisetas hechas a mano hasta ornamentados candelabros. Todo ha sido meticulosamente catalogado, así que al adquirir algo (un poco caro), se compra también su pintoresca historia.

🏠 SOU-SOU そうそう *Moda*

☎ 3407 7877; 2F, desde edif. 1, 5-3-10 Minami-Aoyama, Minato-ku; ⏱ 11.00-20.00; Ⓜ líneas Chiyoda, Ginza, Hanzōmon a Omote-sandō (salida A5)

Los detalles son importantes para los modistos japoneses, calcetines incluidos. Por todo Tokio se venden *tabi* (con el dedo pulgar separado del resto) en todos los modelos y colores. Sou-Sou crea sus *tabi* de gama alta con diseños amenos, aunque también produce calzado más serio como los *tabi* con puntas de acero y suela de goma que utilizan los obreros japoneses.

🏠 TAKESHITA-DŌRI *Moda*

🚉 línea JR Yamanote a Harajuku (salida Takeshita)

A los neófitos nipones el nombre les parecerá gracioso, pero la 'brigada' local de chicas de Harajuku se toma muy en serio lo de comprar en Takeshita-dōri. El atasco humano es impresionante, con adolescentes que van de tienda en tienda probándose lo último en moda. Imperan los puestos de crepes, los vendedores que van de *hip-hoperos* y los turistas con la cámara de fotos a punto.

🏠 TSUKIKAGEYA 月影屋 *Moda*

☎ 3465 7111; www.tsukikageya.com; 1-9-19 Tomigaya, Shibuya-ku; ⏱ 12.00-20.00 ju-lu; Ⓜ línea Chiyoda a Yoyogi-kōen (salida 2)

¿Que uno quiere ir a una *matsuri* (fiesta tradicional) maqueado con el *yukata* (quimono de algodón) de rigor pero es más *punk* que Hello Kitty? En Tsukikageya se pueden encontrar *yukata* blancos y negros, así como complementos tachonados con cristal Swarovski o de piel de serpiente.

🏠 UNDERCOVER *Moda*
☎ 3407 1232; 5-3-18 Minami-Aoyama, Minato-ku; 🕑 11.00-20.00; 🚇 líneas Chiyoda, Ginza y Hanzōmon a Omote-sandō (salida A5)

Jun Takahashi, antiguo líder de un grupo *punk*, diseña ahora ropa informal y loca para mentes jóvenes. Su tienda, obra del arquitecto Astrid Klein, está justo enfrente de Tsumori Chisato.

🏠 WE GO *Moda*
www.wego.jp; 1F y 2F Iberia Biru 6-5-3 Jingūmae, Shibuya-ku; 🚇 línea Chiyoda a Meiji-jingūmae (salida 1)

Popular cadena que vende ropa nueva y *vintage*. En sus varias plantas se encuentra de todo, desde gafas estilo 'novato' a monederos peludos.

🏠 YOHJI YAMAMOTO
耀司山本 *Moda*
☎ 3409 6006; 5-3-6 Minami-Aoyama, Minato-ku; 🕑 11.00-20.00; 🚇 líneas Chiyoda, Ginza y Hanzōmon a Omote-sandō (salida A4)

Este diseñador ha mantenido cierta mística sobre sí mismo y su estética, desobedeciendo a las convenciones de una forma maliciosa que le aporta frescura; todo un logro teniendo en cuenta que su color favorito es el negro. Es uno de los que han establecido su hogar en Aoyama.

🍴 COMER
🍴 A TO Z CAFÉ *Café* ¥
http://atozcafe.exblog.jp; 5F 5-8-3 Minami-aoyama, Minato-ku; 🕑 almuerzo y cena; 🚇 líneas Ginza, Chiyoda y Hanzomon a Omote-sandō (salida B3)

Una fortuita asociación entre una agencia de diseño local y el famoso artista Yoshitomo Nara resultó en este local, que mezcla la madera de estilo campestre (el café alberga una casita de campo dentro) con tuberías blancas de estilo industrial. Muy natural y acogedor, es uno de los mejores rincones *chill out* de Aoyama. La comida también es deliciosa.

🍴 HARAJUKU GYOZA RŌ
原宿餃子楼 *China* ¥
6-4-2 Jingumae, Shibuya-ku; 🕑 almuerzo y cena; 🚇 líneas Ginza, Chiyoda y Hanzomon a Omote-sandō (salida A2)

Sencillo local de bolas de masa guisadas oculto en una tranquila calle detrás de la regia Omote-sandō. La calle se anima a la hora de comer, cuando hordas de gente se relamen pensando en la sabrosa comida mientras hacen cola para pedir. Si no se identifica por la cola de gente, búsquese un *kanji* rojo brillante.

🍴 HONOJI ほの字
Shokudō ¥¥

http://harajuku.honoji.com; 4F 5-10-1 Jingūmae, Shibuya-ku; ☉ almuerzo y cena; ⊕ línea Chiyoda a Meiji-jingūmae (salida 4)

Compartir edificio con nombres como Chanel y Bulgari no se le ha subido a la cabeza. De hecho, este local era antaño un caro restaurante *kaiseki* y se ha convertido en un sitio mucho más modesto. Se puede disfrutar del pescado y las croquetas para el almuerzo y de las brochetas para la cena mientras se contemplan las vistas de la ciudad a través de los grandes ventanales.

🍴 MOTHER KURKKU *Café* ¥

www.kurkku.jp; 2-18-15 Jingūmae, Shibuya-ku; ☉ almuerzo y cena; 🚇 línea JR Yamanote a Harajuku (salida Takeshita)

Del triplete de restaurantes Kurkku, este es un sitio elegante de techos altos y enormes ventanales. Es muy popular entre los diseñadores locales, que acuden aquí a garabatear en sus *moleskines* mientras toman una copa de vino de la casa.

🍴 KINOKUNIYA 紀ノ国屋
Supermercado internacional

☎ 3409 1231; www.super-kinokuniya.jp; B1F, edificio AO, 3-11-7 Kita-Aoyama, Minato-ku; ☉ 9.30-21.00; ⊕ líneas Chiyoda, Ginza y Hanzōmon a Omote-sandō (salida B2)

Este local surte a los inmigrantes de alimentos de importación como mantequilla de cacahuete, chocolate belga o té de hierbas. Algunos, como el queso, el salami, el pan finlandés o la fruta, salen muy caros. Ha regresado a su emplazamiento original en el edificio AO.

🍴 KYŪSYŪ JANGARA
九州じゃんがら *Ramen* ¥

☎ 3404-5572; 1-13-21 Jingūmae, Shibuya-ku; platos 600-1050 ¥; ☉ 10.45-2.00 lu-ju, 10.45-3.00 vi, 10.00-3.00 sa, 10.00-2.00 do; 🚇 línea JR Yamanote a Harajuku (salida Omote-Sando), ⊕ línea Chiyoda o Fukutoshin a Meiji-jingūmae (salida 3)

Parece que siempre hay cola para conseguir asiento frente a esta tienda de *ramen* al estilo Kyūshū cerca de la estación de Harajuku. No es de extrañar, pues sirven fideos finísimos, un caldo a elegir entre media de docena de variedades y *chashu* (cerdo asado) suave.

🍴 LE BRETAGNE
ルブルターニュ *Francesa* ¥¥

☎ 3478 7855; 3-5-4 Jingūmae, Shibuya-ku; ☉ 11.30-23.00 lu-sa, 11.30-22.00 do;

Shimizu Takashi
Aclamado director de cine japonés, conocido internacionalmente por su trabajo en El grito.

Si existiera una versión de *Paris, je t'aime* con Tokio, ¿qué barrio elegiría para su capítulo? Capturaría la cara menos conocida de Tokio situando mi capítulo en Nakano Broadway (p. 125) o en Akihabara (p. 50), las mecas de los *otaku*, desde donde la cultura *anime* se expande por el mundo. Filmaría una comedia agridulce de ciencia ficción sobre personajes que cumplen la mayoría de edad y siguen idolatrando a superhéroes. **¿Su película favorita sobre Tokio?** *Kichiku (El demonio)*, de Yoshitaro Nomura. La vi cuando era pequeño y quedé traumatizado con la escena de la chica abandonada en la torre de Tokio por su padre. Todavía hoy, al pasar ante la Torre de Tokio, me asalta ese miedo al abandono. La mayoría de argumentos de las películas de terror japonesas vienen de historias del período Edo. **¿Qué historia llevaría a la gran pantalla?** Desde mi debut con un filme de terror me he dado cuenta de que la gente me considera un experto en películas de miedo cuando, en realidad, de pequeño me daban pavor. Dada mi trayectoria, creo que rodaría una versión de *Yotsuya Kaidan*, la más famosa historia de fantasmas japonesa.

🖾 líneas Chiyoda, Ginza y Hanzōmon a Omote-sandō (salida A2); 🚱 Ⓥ ♿
Ofrecen maravillosos menús fijos con sus *galettes* de trigo sarraceno que son auténticas y dejan satisfecho. Las crepes dulces o saladas de estilo Bretón también pueden pedirse a la carta por poco dinero y, recién hechas y sabrosas, resultarán una buena inversión.

🍴 MAISEN まい泉 *Japonesa*   ¥
☎ 3470-0071; 4-8-5 Jingūmae, Shibuya-ku; 🕐 11.00-22.00; 🖾 líneas Chiyoda, Ginza, Hanzōmon a Omote-sandō (salida A2)
Es un lugar famoso por su tierno y crujiente *tonkatsu* (costillas de cerdo fritas), que atrae a multitudes. Afortunadamente, es un local de baños públicos reconvertido y cuenta con suficiente espacio para los muchos paladares ansiosos de probar el *kurobuta* (cerdo negro) de Kagoshima. Si se tiene prisa, se puede pedir *bentō* (comida en caja para llevar) en la ventanilla.

🍴 MOMINOKI HOUSE モミノキハウス
Biológica vegetariana   ¥¥
☎ 3405 9144; www2.odn.ne.jp/mominoki_house; 1ª planta, edificio YOU, 2-18-5 Jingūmae, Shibuya-ku 🕐 12.00-22.30; 🚃 línea JR Yamanote a Harajuku (salida Takeshita); Ⓥ ♿
El variado menú macrobiótico cubre todas las variantes vegetarianas,

hasta las más estrictas. También ofrecen carne biológica de pollo de granja para personas con inclinaciones carnívoras. El laberíntico espacio es tan agradable como su simpático chef y propietario.

🍴 NID CAFÉ *Francesa*   ¥¥
☎ 5772-7639; www.ctn139.com; 3F 3-13-23 Minami-aoyama, Minato-ku; 🕐 almuerzo y cena; 🖾 líneas Ginza, Chiyoda y Hanzomon a Omote-sandō (salida A3)
Con el encanto de una *brasserie* parisina, este establecimiento prepara deliciosa comida francesa y ofrece perfectas vistas de la Torre de Tokio (hasta que edifiquen algo en medio de la calle). Por la noche, con una copa de vino, es fácil imaginar que se está cenando en la ciudad de la luz.

🍴 UME-NO-HANA 梅の花
Japonesa tradicional   ¥¥¥
☎ 3475 8077; 6F, Aoyama Bell Commons, 2-14-6 Kita-aoyama, Minato-ku; 🕐 11.00-15.00 y 17.00-21.00 lu-sa, 17.00-22.00 do; 🖾 líneas Ginza y Hanzōmon (salida 2)
Restaurante tradicional conocido por sus platos *kaiseki* (comida japonesa elegante que consta de varios platos), que incluyen tofu y *yuba* (la "piel" del tofu) exquisitamente preparados. Ofrece menús *niku-nashi* (vegetarianos) y con carne, pero pedir resulta compli-

BARRIOS

HARAJUKU

cado a menos que se cuente con algún amigo que hable japonés.

BEBER

☒ DEN AQUAROOM デン アクアルーム *Lounge*

☎ 5778 2090; B1F, 5-13-3 Minami-Aoyama, Minato-ku; entrada 700 ¥; ⊘ 18.00-2.00 lu-sa, 18.00-23.00 do; ⊗ líneas Chiyoda, Ginza, Hanzōmon a Omote-sandō (salida B1)

Los peces de colores en las paredes y la iluminación azul contrastan con el sonido del *jazz* de fondo. Más interesantes incluso que la decoración son los clientes que asisten a este curioso bar.

☒ TOKYO APARTMENT CAFÉ 東京アパートメントカフェ *Lounge*

☎ 3401 4101; 1-11-11 Jingūmae, Shibuya-ku; ⊘ 11.00-4.00; ⊗ línea Chiyoda a Meiji-jingūmae (salida 5); ⊠ línea JR Yamanote a Harajuku (salida Omote-sandō)

Un buen refugio al atardecer, para comer pasta o unos rollitos de primavera. Por la noche se transforma en un bar de copas donde pasar una velada tranquila entre tokiotas.

OCIO

☆ ESTADIO JINGŪ 神宮球場 *Espectáculos deportivos*

☎ 3404 8999; 1-13 Kasumigaokamachi, Shinjuku-ku; entrada desde 1500 ¥;

⊗ línea Ginza a Gaienmae (salida norte)

El estadio Jingū fue construido para albergar los Juegos Olímpicos de 1964 y es la sede de los Yakult Swallows. La temporada de béisbol va de abril a octubre; se puede consultar el *Japan Times* para saber quién juega.

☆ LE BARON *Club*

www.lebaron.jp/; 3-8-40 Minami-aoyama, Minato-ku; ⊘ mi-do; ⊗ líneas Ginza, Chiyoda y Hanzomon a Omote-sandō (salida A4)

Una especie de fanfarronada importada de París. Es el nuevo local para la *jet set* que sale de fiesta.

☆ ESTADIO NACIONAL 国立競技場 *Espectáculos deportivos*

☎ 3403 1151; 1-15 Kasumigaokamachi, Shinjuku-ku; entrada desde 2000 ¥; ⊗ línea Toei Ōedo a Kokuritsu Kyōgijō (salida A2); ⊠ línea Chūō a Sendagaya (salida este)

La liga de fútbol J-League está en expansión en Japón, aunque hay quien predijo su fugaz caída coincidiendo con el final de la Copa del Mundo del 2002 (organizada por Japón y Corea). El creciente interés por este deporte ha permanecido y los japoneses se lo han tomado casi con tanto entusiasmo como el béisbol.

⭐ TOKYO METROPOLITAN GYMNASIUM 東京体育館
Deporte y ocio

☎ 5474 2111; www.tef.or.jp/tmg/index.php; 1-17-1 Sendagaya, Shibuya-ku; 2 h piscina/gimnasio 600/450 ¥; 🕐 9.00-23.00 lu-vi, 9.00-22.00 sa, 9.00-21.00 do; 🚋 líneas Chūō y Sōbu a Sendagaya (salida principal), Ⓜ línea Toei Ōedo a Kokuritsu Kyōgijō (salidas A4 y A5)

De fácil acceso y con instalaciones que incluyen dos piscinas, esta estructura con aspecto de nave espacial se encuentra frente a la estación de Sendagaya.

>SHINJUKU

Shinjuku es la mejor manera de sumergirse en la inmensidad y el frenesí de Tokio. La estación Shinjuku es la mayor estación ferroviaria de la capital, donde conectan las grandes líneas, con un promedio de 3,6 millones de viajeros diarios. Ir desde un punto a otro de la estación es como superar las pantallas de un caótico videojuego al que nunca se ha jugado. Con la ayuda de los carteles, se conseguirá llegar a donde sea necesario.

Sobre la estación se encuentra un centro comercial gigantesco, propiedad de compañías de trenes como Odakyū y Keiō, y al sur está el complejo Takashimaya Times Square. En Nishi-Shinjuku (el lado oeste) se ubica la sede de las Oficinas del Gobierno Metropolitano de Tokio y una riada de hoteles de lujo para hombres y mujeres de negocios, mientras que el lado este de Shinjuku representa la cara más sórdida de Tokio. El punto de referencia más famoso del lado este es el edificio Studio Alta, un lugar fácil de encontrar en este ajetreado barrio.

SHINJUKU

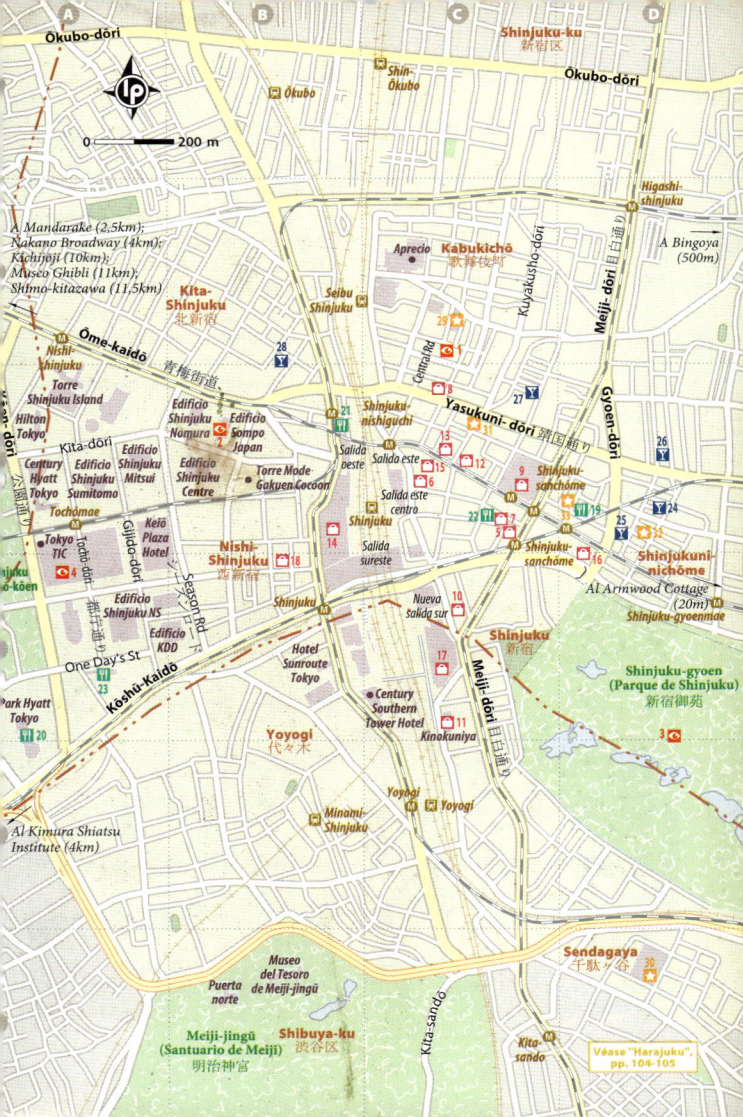

Ōkubo-dōri

A   B   C   **Shinjuku-ku** 新宿区   D

Shin-Ōkubo

Ōkubo-dōri

Ōkubo

Higashi-shinjuku

A Mandarake (2,5km);
Nakano Broadway (4km);
Kichijoji (10km);
Museo Ghibli (11km);
Shimo-kitazawa (11,5km);

Kita-Shinjuku 北新宿

Aprecio   **Kabukichō** 歌舞伎町

A Bingoya (500m)

Seibu Shinjuku

Ōme-kaidō

Nishi-Shinjuku

Torre Shinjuku Island

Hilton Tokyo

Century Hyatt Tokyo

Kita-dōri

Edificio Shinjuku Sumitomo

Edificio Shinjuku Nomura

Edificio Sompo Japan

Edificio Shinjuku Mitsui

Edificio Shinjuku Centre

Torre Mode Gakuen Cocoon

Yasukuni-dōri 靖国通

Gyoen-dōri

Shinjuku-nishiguchi

Salida oeste
Salida este

Salida este centro

Salida sureste

Shinjuku-sanchōme

Shinjukuni-nichōme

Tochōmae

Tokyo TIC

Keiō Plaza Hotel

Gijido-dōri

Nishi-Shinjuku 西新宿

Shinjuku

Shinjuku

A Armwood Cottage (20m)

Shinjuku-gyoenmae

Edificio Shinjuku NS

Season Rd.

Edificio KDD

One Day's St

Kōshū-Kaidō

Nueva salida sur

Hotel Sunroute Tokyo

Shinjuku 新宿

Meiji-dōri 明治通

Shinjuku-gyoen (Parque de Shinjuku) 新宿御苑

Park Hyatt Tokyo

Century Southern Tower Hotel

Kinokuniya

Yoyogi 代々木

Yoyogi

Yoyogi

A Al Kimura Shiatsu Institute (4km)

Minami-Shinjuku

Museo del Tesoro de Meiji-jingū

Puerta norte

Kita-sando

Meiji-jingū (Santuario de Meiji) 明治神宮

Shibuya-ku 渋谷区

Kita-sando

Sendagaya 千駄ヶ谷

Véase "Harajuku", pp. 104-105

BARRIOS

SHINJUKU

VER
KABUKICHŌ 歌舞伎町

🚇 línea JR Yamanote a Shinjuku (salida este)

Kabukichō es el barrio rojo de Tokio y presume de ello con sus ostentosas luces de neón. Alberga clubes y casas de citas y *soaplands* (salones de 'masaje') que las autoridades intentan erradicar, y la *yakuza* (mafia) mantiene todavía una visible presencia en la zona. Aunque los japoneses advertirán al viajero del peligro de este lugar, basta con tomar las precauciones habituales cuando se va de noche.

MUSEO DE ARTE SOMPO JAPAN MEMORIAL SEIJI TOGO
東郷青児美術館

☎ 3349 3080; www.sompo-japan.co.jp/museum; 42F 1-26-1 Nishi-shinjuku, Shinjuku-ku; 1000 ¥; ⏰ 10.00-18.00 ma-do; 🚇 línea JR Yamanote a Shinjuku, salida oeste)

Los aficionados al arte apreciarán este modesto museo dedicado a la obra de Seiji Togo, un pintor japonés admirado por sus hipnóticas representaciones de la figura femenina. Las vistas desde el vestíbulo ya valen el precio de la entrada.

El abarrotado barrio de ocio de Kabukichō de noche.

JOSE FUSTE RAGA / CORBIS

EL VIAJE A MITAKA

Visitar el maravilloso y original **Museo Ghibli** (☎ 0422-40 2233; www.ghibli-museum.jp; 1-1-83 Shimo-Renjaku, Mitaka-shi; adultos 1000 ¥; niños 100-700 ¥; 🕙 10.00-18.00 mi-lu; 🚇 línea JR Chūō a Mitaka, salida sur), del maestro del anime Hayao Miyazaki, es más fácil si se reserva con tres meses de antelación. Si no es posible planearlo con tanto tiempo, se puede intentar –aunque es más complicado– comprar la entrada a la llegada a Tokio (véase la web para más detalles). Limita el número diario de visitantes y las entradas se reparten en bloques de dos horas a lo largo de todo el día para poder ofrecer la mejor experiencia a todos los visitantes, sin gentío y con calidad.

Si no apetece caminar, un autobús lanzadera (ida/ida y vuelta 200/300 ¥) lleva al museo desde la estación de Mitaka, pero a pie es un paseo de 15 minutos desde Mitaka o de 20 desde el parque Inokashira (p. 122) de Kichijōji.

🅒 SHINJUKU-GYŌEN
新宿御苑

☎ 3350 0151; 11 Naitochō, Shinjuku-ku; 200/50 ¥/gratis; 🕙 9.00-16.00 ma-do; 🚇 línea Marunouchi a Shinjuku-gyōenmae (salida 1)

Este céntrico parque se inauguró en 1906. Resulta perfecto para huir del frío en los días de invierno, ya que dispone de un invernadero lleno de plantas tropicales, y para descansar de la ajetreada oferta de Shinjuku. También cuenta con un jardín francés y un estanque en el que nadan carpas gigantes.

🅒 OFICINAS DEL GOBIERNO METROPOLITANO DE TOKIO
東京都庁

☎ 5321 1111; 2-8-1 Nishi-Shinjuku, Shinjuku-ku; gratis; 🕙 observatorios 9.30-23.30, torre norte cerrada 2º y 4º lu, torre sur cerrada 1er y 3er ma;

🚇 línea Toei Ōedo a Tochōmae (salidas A3 y A4); ♿

REMIX HANAMI

Todo el mundo sabe que Ueno-kōen es el lugar perfecto para contemplar los cerezos en flor. Estos sitios solo los conoce la gente del lugar:

Meguro-gawa (plano p. 83, B5; 🚇 línea JR Yamanote a Meguro) La ribera tiene una parte de cemento, pero los retorcidos troncos que hay encima quedan suspendidos sobre el río, creando un abanico de colores.

Aoyama-reien (plano pp. 104-105, H5; 🚇 línea Ginza a Gaienmae) Un impresionante cementerio que rebosa de flores. Los lugareños supersticiosos no osan pisarlo al caer el día.

Seijo (🚇 línea Odakyū a Seijoen-mae) Un barrio residencial ajardinado en Setagaya-ku con impresionantes vistas a las flores, sobre todo cerca del río.

BARRIOS

SHINJUKU

MERECE LA PENA

Al oeste de los 23 distritos de Tokio se encuentra **Kichijōji**, donde se llega rápidamente en tren desde Shinjuku o Shibuya. Es uno de los barrios más atractivos de Tokio, con su ambiente de ciudad universitaria, su modernidad y la alta calidad de vida. Se puede dar un paseo por el parque, ver tiendas y terminar el día tomando un cóctel en alguno de sus acogedores bares.

El punto neurálgico de Kichijōji es el **parque Inokashira** (☎ 042-247 6900; Inokashira, Mitaka-shi; alquiler de barcas 200 ¥; ☾ 24 h; ☒ líneas JR Chūō y Sōbu a Kichijōji, salida al parque; ☒ línea Keiō Inokashira a Kichijōji, salida al parque), especialmente animado los fines de semana, cuando actúan artistas y músicos. Se recomienda pasear por la sombreada orilla del pequeño lago, visitar el templo dedicado a Benzaiten (diosa del amor y las artes), alquilar una barca a pedales y dejar que se esfume la tensión de la ciudad. En general es tranquilo, excepto en la época del florecimiento de los cerezos.

Desde la estación de Kichijōji, hay que tomar la salida del parque y buscar los grandes almacenes Marui. Después, se camina por la carretera de la derecha del edificio que lleva colina abajo hacia el parque. Es mejor ir sin prisas y echar un vistazo a los cafés, tiendas de estilo bohemio y restaurantes étnicos que salpican el camino.

Si se tiene cita para el Museo Ghibli (recuadro p. 121), se puede tomar la ruta alternativa que atraviesa el parque desde Kichijōji; son unos 20 minutos caminando.

Conocido como Tokio Tochō, el centro burocrático de la ciudad está integrado por dos enormes torres diseñadas por Kenzō Tange. Desde la plaza de los Ciudadanos se puede contemplar la arquitectura y compleja simetría de las torres. Los observatorios, a más de 200 m de altura, ofrecen una vista de la ciudad.

🛍 COMPRAS

🛍 BEAMS *Moda*
☎ 5368 7300; www.beams.co.jp; 3-32-6 Shinjuku, Shinjuku-ku; ☾ 11.00-20.00; ☒ línea JR Yamanote a Shinjuku (salida sur)
La cadena Beams se ha extendido por todo Japón y hasta Hong

Kong. Pero lo mejor se concentra en las siete plantas de esta tienda de Shinjuku, desde conjuntos básicos hasta ropa con mucho estilo para hombre y mujer, menaje de diseño y una galería de arte.

🛍 COMME ÇA *Moda*
☎ 5367 5551; 3-26-6 Shinjuku, Shinjuku-ku; ☾ 11.00-21.00 lu-sa, 11.00-20.00 do ☒ línea JR Yamanote a Shinjuku (salida este)
Si sirven las tallas locales, en esta tienda de la cadena japonesa se encontrarán seis plantas de ropa de calidad, accesorios baratos y, además, ¡pasteles!

🔴 DISK UNION ディスクユニオン *Música*

☎ 3352-2691; http://diskunion.net; 3-31-4 Shinjuku, Shinjuku-ku; ⏱ 11.00-21.00 lu-sa, 11.00-20.00 do; 🚉 línea JR Yamanote a Shinjuku (salida este)

Esta gran tienda de siete pisos cuenta con una excelente selección de CD nuevos y usados. Dispone de otra sucursal en Shibuya (p. 93).

🔴 DON QUIJOTE ドンキホーテ *Menaje y regalos*

☎ 5291 9211; www.donki.com; 1-16-5 Kabukichō, Shinjuku-ku; ⏱ 24 h; 🚉 línea JR Yamanote a Shinjuku (salida este)

Esta tienda de luces fluorescentes y repleta de artículos curiosos es el primo barato de Tōkyū Hands en Kabukichō. Caóticas montañas de artículos electrónicos y de diseño de imitación se mezclan con juguetes sexuales y comida envasada. Tienen varias tiendas en Tokio, aunque no todas abren las 24 horas.

🔴 ISETAN 伊勢丹 *Grandes almacenes*

☎ 3352 1111; 3-14-1 Shinjuku, Shinjuku-ku; ⏱ 10.00-20.00 🚉 líneas Marunouchi y Toei Shinjuku a Shinjuku-sanchōme (salida A1)

Además de contar con un increíble departamento de alimentación, este complejo comercial ofrece un servicio gratuito llamado I-club, por el que se asigna un dependiente anglohablante a los clientes extranjeros. El punto de información se halla en la 6ª planta del edificio principal. Vale la pena visitar la galería de arte de la 5ª planta.

🔴 JOURNAL STANDARD *Moda*

☎ 5367 0175; www.journal-standard.jp; 4-1-7 Shinjuku, Shinjuku-ku; ⏱ 11.30-20.30 lu-vi, 11.00-20.00 sa y do; 🚉 línea JR Yamanote a Shinjuku (salida sur)

Rebuscando en esta tienda de moda se pueden encontrar prendas con mucha clase. Las colecciones son elegantes pero con estilo bohemio y las tallas corresponden a la media japonesa, es decir, pequeñas. Cuenta con una maravillosa cafetería en la terraza en la 3ª planta.

🔴 KINOKUNIYA 紀伊國屋書店 *Libros*

☎ 5361 3301; edificio anexo, Takashimaya Times Square, 5-24-5 Sendagaya, Shibuya-ku; ⏱ 10.00-20.00 do-vi, 10.00-20.30 sa; 🚉 línea JR Yamanote a Shinjuku (nueva salida sur)

Esta sucursal, ubicada en el complejo Takashimaya Times Square, supera a la **tienda principal de Shinjuku** (☎ 3354 0131; 3-17-7 Shinjuku, Shinjuku-ku; ⏱ 10.00-21.00; 🚉 JR Yamanote a Shinjuku, salida este) en variedad y calidad. Los libros en idiomas extranjeros se hallan en la 6ª planta y las publicaciones de arte, revistas y *manga* por toda la tienda.

🏠 MARUI YOUNG
マルイヤング *Grandes almacenes*
☎ 3354 0101; 3-18-1 Shinjuku, Shinjuku-ku; ⏰ 11.30-21.00 lu-sa, 11.30-20.30 do; 🚇 línea JR Yamanote a Shinjuku (salida este)

Las marcas especializadas de estos grandes almacenes triunfan en todo el barrio. Si se busca un vestuario al estilo de las lolitas góticas, este es el lugar perfecto para comenzar.

🏠 ODAKYŪ 小田急百貨店
Grandes almacenes
☎ 3342 1111; 1-1-3 Nishi-Shinjuku, Shinjuku-ku; ⏰ tiendas 10.00-20.00, restaurantes 11.00-22.00; 🚇 línea JR Yamanote a Shinjuku (salida oeste)

Este monstruo de 16 pisos que se encuentra sobre la estación de Shinjuku, alberga varias plantas de restaurantes, *boutiques* exclusivas, tiendas de accesorios baratos y todo lo necesario para vivir dentro de la estación durante diez años.

🏠 SAKURAYA CAMERA
さくらやカメラ
Fotografía y electrónica
☎ 3352 4711; 3-2-6 Shinjuku, Shinjuku-ku; ⏰ 10.00-22.00; 🚇 línea JR Yamanote a Shinjuku (salida este)

Uno de los tres grandes emporios de las cámaras, ofrece casi lo mismo que los otros a precios parecidos. Tiene una increíble selección de teleobjetivos y minúsculas cámaras digitales. Como

en el resto de tiendas, se pueden encontrar buenas ofertas; es esencial comparar precios.

🏠 SEKAIDO 世界堂
Artículos de papelería
☎ 5379 1111; 3-1-1 Shinjuku, Shinjuku-ku; ⏰ 9.30-21.00; 🚇 líneas Marunouchi y Toei Shinjuku a Shinjuku-sanchōme (salida C1)

Los aficionados a la papelería deberían imponerse un presupuesto fijo cuando visiten esta tienda para no gastarse una fortuna en su increíble oferta de artículos de dibujo, *washi* (papel artesanal) exquisito y la gran selección de *manga*.

🏠 TŌKYŪ HANDS
東急ハンズ *Menaje y regalos*
☎ 5361 3111; Takashimaya Times Square, 5-24-2 Sendagaya, Shibuya-ku; ⏰ 10.00-20.30; 🚇 línea JR Yamanote a Shinjuku (nueva salida sur)

Esta es una de esas tiendas de hágalo-usted-mismo y vende todas esas cosas que uno no sabe que necesita hasta que las ves: desde bolígrafos de cristal soplado hasta motosierras o artículos de fiesta. Existen sucursales en Shibuya (p. 96) e Ikebukuro (p. 136).

🏠 YODOBASHI CAMERA
ヨドバシカメラ
Fotografía y electrónica
☎ 3346 1010; 1-11-1 Nishi-Shinjuku, Shinjuku-ku; ⏰ 9.30-21.30; 🚇 línea

MERECE LA PENA

Una galería comercial retro en las afueras del centro de la ciudad, **Nakano Broadway** (http://bwy.jp; 5-52-15 Nakano, Nakano-ku; Ⓜ línea Tozai a Nakano, salida norte) es otro lugar de peregrinación para los fanáticos *otaku* que recorren las calles en busca de figuritas y cómics coleccionables. **Mandarake** (まんだらけ; 2F-4F Nakano Broadway), el gigante del *manga* y el *anime,* tiene aquí su tienda principal, llena de cómics y de figuritas de acción para comprar y guardar en su prolijo forro de plástico.

Toei Shinjuku a Shinjuku (salida 5), Ⓡ **línea JR Yamanote a Shinjuku (salida oeste)**
Se trata del principal competidor de Sakuraya y se encuentra justo enfrente. Ofrece desde videocámaras digitales hasta ampliadoras fotográficas de segunda mano. Los precios resultan muy competitivos y lo que no se encuentre aquí probablemente no existe en Japón.

🍴 COMER
🍴 ARMWOOD COTTAGE *Café* ¥
☎ 5935-8897; www.atticroom.jp/arm/; 2F 1-10-5 Shinjuku, Shinjuku-ku; ☽ almuerzo y cena; Ⓜ línea Marunouchi a Shinjuku-gyoenmae
Andamios de color azul eléctrico sujetan esta acogedora estructura de madera por encima de

un aparcamiento de dos coches cerca de Shinjuku-gyoen. Vigas de troncos y muebles cómodos dan la bienvenida a los clientes en una atmósfera con encanto al estilo chalé.

🍴 CHAYA MACROBIOTICS
チャヤマクロビオティックス *Macrobiótica* ¥¥
☎ 3357 0014; 7F, edificio Isetan, 3-14-1 Shinjuku, Shinjuku-ku; ☽ 11.00-22.00; Ⓜ línea Marunouchi a Shinjuku-sanchōme (salida A1); Ⓥ
En un buen maridaje entre los conceptos macrobióticos japoneses y la cocina francesa, Chaya ofrece platos saludables regados con una larga lista de tés, vinos y sidra de manzana francesa ecológicos. Aunque la carta de temporada incluye sobre todo platos *veganos* como el *risotto* de arroz rojo, las hamburguesas de seitán y mijo o las ensaladas de algas, también sirven pescado. Los postres como la *crème brûlée* de soja son una delicia.

🍴 KEIKA KUMAMOTO RĀMEN
桂花熊本ラーメン *Ramen* ¥
☎ 3354 4591; 3-7-2 Shinjuku, Shinjuku-ku; ☽ 11.00-23.00; Ⓜ líneas Marunouchi y Toei Shinjuku a Shinjuku-sanchōme (salida C4);
Vale la pena hacer cola en este famoso establecimiento especializado en *ramen* solo por su *tonkotsu ramen* (fideos en caldo de cerdo)

al estilo Kyūshū. Se pide y se paga al entrar, y no hay que marcharse sin probar el *chāshu-men* (*ramen* con cerdo en lonchas). No tiene letrero en inglés; se debe buscar el gran mural colorido con el dibujo de un chef y cerditos.

🍽 NAKAJIMA 中嶋
Japonesa tradicional ¥

☎ 3356 7962; http://shinjyuku-nakajima.com; 3-32-5 Shinjuku, Shinjuku-ku; ⏰ 11.30-14.30 y 17.30-22.00 lu-sa; ⊕ línea Marunouchi a Shinjuku-sanchōme (salida A1)
La estrella Michelin con la que fue galardonado en el 2008 no ha hecho que cambien las exquisitas maneras del Nakajima. El ingrediente estrella de la casa es la *iwashi* (sardina); ya sea cocida a fuego lento en caldo dulce con huevo, en *sashimi*, o delicadamente frita sobre un lecho de arroz, es un acierto. Se toma el callejón junto al edificio Beams y se llega a un inmueble negro con unas escaleras exteriores que descienden hasta el Nakajima.

🍽 NEW YORK GRILL
ニューヨークグリル
Americana ¥¥¥

☎ 5323 3458; 52F, Park Hyatt Tokyo, 3-7-1-2 Nishi-Shinjuku, Shinjuku-ku; ⏰ 11.30-24.00; ⊕ línea Toei Ōedo a Tochōmae (salida A4); ♿ Ⓥ ⚤

Con magníficas vistas, este altísimo lugar continúa reafirmando su reputación como uno de los mejores restaurantes de Tokio, con sus cortes de carne y costillas de cordero. Se recomienda el *brunch* diario (6200 ¥; 11.30-14.30), que incluye una copa de champán los domingos. En el 1er piso, el New York Deli es perfecto para una comida informal, con una deliciosa selección de quesos, aceitunas y embutidos.

🍽 OMOIDE-YOKOCHŌ
思い出横丁 *Yakitori* ¥

Memory Lane; 1 Nishi-shinjuku; brochetas desde 100 ¥; ⊕ cena; ⊕ línea Toei Ōedo a Shinjuku Nishiguchi (salida D3)
Desde la época de la posguerra cada noche sale humo de las pequeñas chozas de esta calle, alineadas con las vías del tren. Sirven *yakitori* y cerveza helada. El nombre se traduce como "avenida de la memoria" (aunque también se conoce como la "avenida del pis") y quizá algún día se convierta en memoria, porque se dice que la derribarán para construir un nuevo complejo. Es buena idea ir hacia las 19.00 y comer unas brochetas para prevenir la nostalgia.

🍽 TSUNAHACHI つな八
Tempura ¥¥

☎ 3352 1012; 3-31-8 Shinjuku, Shinjuku-ku; ⏰ 11.00-22.00; 🚃 línea JR Yamanote a Shinjuku (salida este); ♿ ⚤

Se recomienda sentarse en la barra para deleitarse con la eficacia de los chefs, que fríen cada *tempura* y la sirven en platos una por una. Desde Shinjuku-dōri, frente a los grandes almacenes Mitsukoshi, se toma la pequeña calle a la izquierda. Existe otra sucursal en la 13ª planta del Takashimaya Times Square.

🍴 ZAUO ざうお *Marisco*

☎ 3343-6622; www.zauo.com; 1F Shinjuku Washington Hotel 3-2-9 Nishi-shinjuku, Shinjuku-ku; 🕑 cena; 🚇 línea JR Yamanote a Shinjuku (salida sur)

La idea puede parecer efectista –un restaurante con forma de barco en el que los clientes pescan la comida en el acuario–, pero este local es un desmadre para todas las edades. Se tira la caña desde la mesa y se espera a que piquen; y cuando se pesca un bicho, todo el personal felicita al cliente cantando, aplaudiendo y vitoreándolo.

🍸 BEBER

Shinjuku es uno de los mejores barrios de Tokio para salir de noche y cuenta con una amplísima variedad de locales donde tomar una copa. El barrio rojo más famoso de Tokio, Kabukichō, queda al este de la estación Seibu Shinjuku y es uno de los más imaginativos del mundo, con *soaplands* (salones de

'masaje'), hoteles del amor, cabarets rosas ('picantes') y espectáculos de *striptease*. Y, además, al lado se halla el Golden Gai, el barrio de bares por excelencia de Tokio.

🍸 ADVOCATES BAR
Bar de ambiente

☎ 3358 3988; 1ª planta, edificio Dai-7 Tenka,2-18-1 Shinjuku, Shinjuku-ku; 🕑 20.00-5.00 lu-sa, 20.00-1.00 do; 🚇 líneaToei Shinjuku a Shinjuku-sanchōme (salida C8)

Se trata de un bar pequeño en el que la multitud aumenta a lo largo de la noche y se desborda hasta parecer una fiesta de vecinos. Los camareros hablan inglés y es un buen sitio donde comenzar la noche en Nichōme.

🍸 ARTY FARTY
アーティファーティ
Bar de ambiente

☎ 5362 9720; www.arty-farty.net; 2ª planta, 2-11-7 Shinjuku, Shinjuku-ku; 🕑 17.00-tarde lu-sa, 16.00-5.00 do; 🚇 línea Toei Shinjuku a Shinjuku-sanchōme (salidas C5 y C8)

Este local es otro incondicional del ambiente gay y organiza noches especiales de barra libre. Su larga presencia se debe a que se trata de un lugar de confianza, un buen sitio (generalmente abarrotado) donde comenzar la velada y hacerse una idea de cómo puede continuar la noche por el barrio.

Momento de relax en el estratosférico New York Bar del Park Hyatt Tokyo.

MARK HEMMINGS / LONELY PLANET IMAGES ©

BON'S ボンズ *Bar*

☎ 3209 6334; 1-1-10 Kabukichō, Shinjuku-ku; entrada 900 ¥; ⏰ 19.00-5.00; ⊕ línea Marunouchi a Shinjuku-sanchōme (salida B5)
En este local, una apuesta segura, las bebidas cuestan desde 700 ¥. Se halla en una esquina con una pintada que dice: "Old Fashioned American Style Pub".

GOLDEN GAI *Bares*

(Kabukichō, Shinjuku-ku; ⊕ línea Marunouchi a Shinjuku-sanchōme B5)
Golden Gai es un barrio sin parangón en Tokio. Sus más de trescientos bares, a cual más pequeño, se agolpan en las diminutas callejuelas de este barrio aparentemente dejado. No es el lugar para salir a tomar una copa tras otra, se trata más bien de elegir un local para toda la noche, ponerse cómodo y charlar con los demás clientes hasta el alba. De hecho, muchos son bares temáticos, no por la decoración, sino por el tema de conversación: se encontrará desde aficionados al tango hasta fans del cine francés. Por eso muchos cuentan con una tarifa por asiento (300-2500 ¥), porque es como alquilar una plaza para pasar la noche, dado que muchos solo tienen seis u ocho asientos. **Araku** (2F 1-1-9 G2) y **Albatross** (www.alba-s.com; 2F 5th Avenue) se cuentan

entre los pocos bares que aceptan extranjeros.

☉ NEW YORK BAR
ニューヨークバー *Bar*

☎ 5323 3458; www.parkhyatttokyo.com; 3-7-1-2 Nishi-Shinjuku, Shinjuku-ku; entrada después de las 20.00 2000 ¥; ☺ 17.00-24.00 do-mi, 17.00-1.00 ju-sa; ◉ línea Toei Ōedo a Tochōmae (salida A4)

Ubicado en lo más alto, tanto física como socialmente, este local domina la ciudad desde el 52º piso del Hotel Park Hyatt Tokyo, en Shinjuku oeste. Con magníficas vistas de la ciudad, bebidas fuertes y una banda que toca *jazz* en directo, es un ambiente elegante perfecto para una cita especial.

☉ PHONIC:HOOP *Bar*
www.ph-hp.jp; 5-10-1 Shinjuku, Shinjuku-ku; ◉ línea Marunouchi a Shinjuku-sanchōme (salida C7)

Moderno sin esfuerzos, con un ambiente algo sobrado, plantas colocadas aquí y allá, y piezas de maquinaria anticuada.

☉ ZOETROPE *Bar*
http://homepage2.nifty.com/zoetrope; 3F edificio Gaia 7-10-14 Nishi-shinjuku, Shinjuku-ku; ☺ lu-sa; ◉ línea Toei Oedo a Shinjuku-nishiguchi (salida D5)

Local acogedor donde pasar una tarde relajada y sociable. Ofrece

más de trescientos tipos de *whisky* japonés y se proyectan películas mudas en la pared.

☆ OCIO

☆ LOFT ロフト
Música en directo

☎ 5272 0382; www.loft-prj.co.jp/LOFT/index.html; B2F, edificio Tatehana, 1-12-9 Kabukichō, Shinjuku-ku; desde 1000 ¥; ☺ 17.00-tarde; ⊞ línea JR Yamanote a Shinjuku (salida este)

Esta estruendosa institución de Shinjuku puede resultar verdaderamente increíble algunas noches. Aunque es un típico local pequeño, suele organizar buenas actuaciones locales e internacionales con grupos musicales que van desde el *punk* hasta el *emo*.

☆ TEATRO NACIONAL NŌ
国立能学堂 *Teatro*

☎ 3423 1331; 4-18-1 Sendagaya, Shibuya-ku; entradas 2800-5600 ¥; ☺ reservas 10.00-18.00; ⊞ líneas Chūō y Sōbu a Sendagaya (salida oeste)

Este teatro pone en escena sus propios *nō* (dramas musicales clásicos japoneses) los fines de semana. Proporciona sinopsis en inglés. Se sale de la estación de Sendagaya, se deja Shinjuku a la izquierda y se sigue la calle que va junto a las vías del tren; el teatro queda a la izquierda.

PARA PRIMERIZOS EN UN 'SENTŌ'

Después de pagar la tarifa del *sentō* (baño público) al dependiente de la recepción, el viajero se dirigirá al vestuario correspondiente, dejará su ropa en uno de los casilleros y los artículos de aseo en un *senmenki* (lavabo) para acceder a la zona de baño.

Antes de entrar en la piscina, hay que lavarse en las duchas bajas y los grifos que se alinean en la pared, para lo que habrá que tomar un taburete y frotarse minuciosamente, asegurándose de quitar todo rastro de jabón para no contaminar el agua. Se puede circular entre los baños calientes, piscina de agua fría, sauna y baño eléctrico (simula la sensación de nadar entre anguilas eléctricas). Si uno se deja llevar por la experiencia, se encontrará flotando en el maravilloso estado de *yude-dako* (pulpo hervido).

⭐ SHINJUKU PICCADILLY

新宿ピカデリー *Cine*

☎ 5367-1144; www.shinjukupiccadilly. com en japonés; 3-15-15 Shinjuku, Shinjuku-ku; tiques desde 1300/800 ¥; Ⓜ líneas Marunouchi y Toei Shinjuku a Shinjuku-sanchōme (salidas B7 y B8); ♿

'MANGA KISSA'

Las *kissaten* (cafeterías) han sido tradicionalmente los pilares de la socialización en Tokio. Sin embargo, ahora sirven más como vía de escape. En los *manga kissa*, además, se ofrece acceso barato a internet en un cómodo cubículo privado. También se puede consultar una biblioteca de cómics, comer algo, ver DVD o echar una siesta. Abren las 24 horas del día y se puede pagar por adelantado por un mínimo de 30 minutos o, después de las 24.00, cuando no hay servicio de trenes, la noche entera. Normalmente cobran unos 2500 ¥ por ocho horas. Para más información, véase p. 199.

Una de las mejores experiencias cinéfilas de Tokio, con un exterior y un interior de un brillante color blanco translúcido. La sala dispone de más de seiscientas butacas, incluidos varios reservados para dos personas con sonido envolvente y sofás de cuero (30 000 ¥ por proyección).

⭐ SHINJUKU PIT INN

新宿ピットイン
Música en directo

☎ 3354 2024; www.pit-inn.com/ index_e.html; B1F, edificio Accord, 2-12-14 Shinjuku, Shinjuku-ku; entrada 1300-4000 ¥; ⏰ actuaciones 14.30 y 20.00; Ⓜ línea Toei Shinjuku a Shinjuku-sanchōme (salidas C5 y C8)

Se trata de uno de los clubes de *jazz* más reconocidos de Tokio. Organiza actuaciones de músicos locales y extranjeros que tocan *jazz* de la corriente clásica. Se recomienda reservar. La entrada incluye una consumición.

⭐ SHINJUKU SUEHIROTEI
新宿末廣亭 *Rakugo*

www.suehirotei.com; 3-6-12 Shin-juku, Shinjuku-ku; ⏰ 12.00-16.00 y 17.00-21.00, 🚇 línea Marunouchi a Shinjuku-sanchōme

Los espectáculos populares incluyen un *rakugō* (una especie de monólogo humorístico de un artis-ta que actúa arrodillado) nocturno que solo se ofrece en cinco locales del país. El ambiente es informal y no es necesario reservar.

>IKEBUKURO

Ikebukuro fue famoso por ostentar los mayores grandes almacenes de Tokio, los edificios más altos de Asia y las escaleras mecánicas más largas del mundo. Aunque esos días forman parte de su historia, no resulta un barrio pretencioso, su aspecto es más bien humilde y cuenta con algunos sitios fabulosos para ir con niños. El lado este de Ikebukuro se ha convertido en un paraíso para la discreta población de *otome* (coloquialmente "chicas *geek*"), la contrapartida femenina de los más conocidos *otaku* ("chicos *geek*"). Aunque no son tan llamativas como los *cosplay-zoku* (que se disfrazan de personajes del universo *manga*), este fascinante subgrupo realza el atractivo cultural de Ikebukuro.

La mayor parte de las zonas de ocio se distribuyen por el lado este, donde las callejuelas albergan karaokes, salones de *pachinko* (una especie de máquina del millón), cafés de sirvientas y hoteles del amor. Después hay que seguir por Sunshine 60-dōri hasta Sunshine City. En el lado oeste se puede asistir a una muestra de arte folk en el Centro de Artesanía Tradicional de Japón o tomar alguna comida barata en un *kai-tenzushi* (bar de *sushi* con cinta giratoria) o una tienda de *ramen* (fideos al huevo).

IKEBUKURO

⊙ VER

Acuario Internacional
   Sunshine ....(véase 11)
Planetario
   Sunshine............ (véase 11)
Toyota Amlux **1** C3

🛍 COMPRAS

Animate **2** C3
Bic Camera **3** C3

Bic Camera
   (tienda principal) **4** B3
Centro de Artesanía
   Tradicional de Japón ...**5** B4
Sunshine City **6** C4
Tobu **7** B3
Tōkyū Hands **8** C3

🍴 COMER

Akiyoshi **9** A3
Anpuku **10** B3
Namco Namjatown **11** D4

⛉ BEBER

Sasashū **12** A3

⭐ OCIO

Nekobukuro ....(véase 8)

VER

ACUARIO INTERNACIONAL SUNSHINE

サンシャイン国際水族館

☎ 3989 3466; 10ª planta, edificio World Import Mart, 3-1-3 Higashi-Ikebukuro, Toshima-ku; 1800/900 ¥; ⏰ 10.00-18.00; 🚇 línea JR Yamanote a Ikebukuro (salida este);

Presume de ser el acuario más alto del mundo y alberga tanques llenos de anguilas eléctricas, tiburones y otros inquietantes animales marinos. También habitan aquí algunas criaturas terrestres como los lémures. El edificio está repleto de lugares que encantarán a los más pequeños, como el planetario, la galería comercial y el parque de atracciones.

PLANETARIO SUNSHINE

サンシャインスターライトドーム

☎ 3989 3475; 10ª planta, edificio World Import Mart, 3-1-3 Higashi-Ikebukuro, Toshima-ku; 800/500 ¥; ⏰ 12.00-17.30 lu-vi, 11.00-18.30 sa y do; 🚇 línea JR Yamanote a Ikebukuro (salida este); ♿ ♿

Ikebukuru puede ser un barrio con los pies en el suelo, pero al mismo tiempo es capaz de llevar al visitante hasta las estrellas. El espectáculo del planetario está narrado en japonés, pero las imágenes resultan espectaculares.

TOYOTA AMLUX

トヨタアムラックス

☎ 5391 5900; www.amlux.jp/about/english.html; 3-3-5 Higashi-Ikebukuro,

No se requiere carné de conducir para ponerse al volante en la sala Toyota Amlux.

IAIN MASTERTON / ALAMY

OTOME ROAD

Otome Road (literalmente, "camino de las solteras") es un universo alternativo a Akihabara para las *otome* (chicas *geek*), el equivalente femenino de los *otaku* (p. 132). Muchas *otome* (algunas rondan ya los 40 años) vienen aquí en busca de *yaoi manga* (o *boys' love manga*). Incluso tienen su propia versión de los *meido kissa*, con cafés en los que mujeres travestidas atienden las mesas ataviadas como mayordomos.

Toshima-ku; gratis; ☉ **11.00-19.00 ma-do;** 🚉 **línea JR Yamanote a Ikebukuro (salida este);** ♿ 🚼

El salón del automóvil de Toyota expone prototipos y ofrece juegos de conducción en realidad virtual. Pero, además, este fascinante espacio para los aficionados a la mecánica es un auténtico espectáculo multimedia de seis plantas, con cortometrajes, arquitectura aerodinámica y belleza automovilística por todas partes. Dispone de indicaciones en inglés.

 # COMPRAS

🔲 **ANIMATE** *Libros*

www.animate.co.jp; 3-2-1 Higashi-Ikebukuro, Toshima-ku; 🚉 **línea JR Yamanote a Ikebukuro (salida este)**

Al otro lado de la entrada oeste a pie de calle de Sunshine City, es la primera parada en Otome Road para chicas *geek* y fans del *manga*.

🔲 **BIC CAMERA** ビックカメラ
Fotografía y electrónica

☎ **5396 1111; 1-41-5 Higashi-Ikebukuro, Toshima-ku;** ☉ **10.00-21.00;** 🚉 **línea JR Yamanote a Ikebukuro (salida este)**

Este lugar se autoproclama la tienda de cámaras más barata de Japón. Sea así o no, su omnipresencia resulta indiscutible. Tiene sucursales en **Ikebukuro** (☎ 3590 1111; 1-11-7 Higashi-Ikebukuro, Toshima-ku; ☉ 10.00-21.00; 🚉 línea JR Yamanote a Ikebukuro, salida este), Shibuya y Shinjuku. Los precios son competitivos pero siempre es mejor comparar.

🔲 **CENTRO DE ARTESANÍA TRADICIONAL DE JAPÓN** 全
国伝統的工芸品センター
Artesanía

☎ **5954 6066; www.kougei.or.jp/english/center.html; 1ª y 2ª plantas, edificio Metropolitan Plaza, 1-11-1 Nishi-Ikebukuro, Toshima-ku;** ☉ **11.00-19.00;** 🚉 **línea JR Yamanote a Ikebukuro (salida Metropolitan)**

Además de ser un maravilloso lugar para comprar recuerdos de calidad, como tejidos, cerámica, *washi* (papel artesanal) y piezas de madera, este centro funciona como un escaparate de artesanía tradicional de Japón. En la 2ª planta se organizan muestras temporales, demostraciones y cursos.

🏠 **SUNSHINE CITY** サンシャインシティ *Grandes almacenes*

☎ 3989 3331; 3-1-1 Higashi-Ikebukuro, Toshima-ku; observatorio 620 ¥; ⏰ 10.00-22.00; 🚇 línea JR Yamanote a Ikebukuro (salida este)

Este gran centro comercial ofrece la posibilidad (por un pequeño importe) de subir en un ascensor rapidísimo hasta el observatorio del 60º piso para admirar Tokio desde las alturas. En un día claro se puede ver el monte Fuji entre la niebla.

🏠 **TOBU** *Grandes almacenes*

www.tobu-dept.jp; 1-1-25 Nishi-ikebukuro, Toshima-ku; 🚇 línea JR Yamanote a Ikebukuro

La mayoría de los *depãto* de Tokio se hallan en Ginza y alrededores, pero en Ikebukuro también se encuentra algún gigante de las compras, como este. Los precios son más bajos que en Ginza, ya que el suelo es más barato aquí. Tobu merece una visita por su enorme *depachika* (véase p. 57), con el *sashimi* más barato de la ciudad (a partir de las 19.00, a mitad de precio).

🏠 **TŌKYŪ HANDS** 東急ハンズ *Menaje y regalos*

☎ 3980 6111; 1-28-10 Higashi-Ikebukuro, Toshima-ku; ⏰ 10.00-21.00; 🚇 línea JR Yamanote a Ikebukuro (salida este)

Además de vender los fabulosos artículos que han dado fama a la marca, alberga el Nekobukuro (p. 137). Cuenta con otras tiendas en Shinjuku (p. 124) y Shibuya (p. 94).

🍴 **COMER**

🍴 **AKIYOSHI** 秋吉 *Yakitori* ¥¥

☎ 3982 0644; 3-30-4 Nishi-Ikebukuro, Toshima-ku; ⏰ 17.00-23.00; 🚇 línea JR Yamanote a Ikebukuro (salida oeste); 🚻

Este lugar es perfecto para degustar un sabroso *yakitori* (brochetas de pollo asado) en un entorno ruidoso pero relajado. Se ofrece buena calidad en los platos y el menú gráfico resulta muy útil para quienes no saben japonés.

🍴 **ANPUKU** あんぷく *Fideos* ¥

☎ 6915-2646; 1-37-8 Nishi-Ikebukuro, Toshima-ku; ⏰ 11.00-15.00 y 17.00-24.00 lu-ju, 11.00-5.00 vi y sa, 11.00-24.00 do; 🚇 línea JR Yamanote a Ikebukuro (salida oeste), líneas Yurakucho, Fukutoshin o Marunouchi a Ikebukuro (salida C9)

Los fideos *udon* se internacionalizan en este fantástico pequeño café de paredes blancas. Jóvenes y creativos chefs los elaboran y preparan a la carbonara, con pollo y champiñones en salsa cremosa o con berenjena picante de Sichuan. Se comen con palillos, por lo que se facilita un babero de papel. También sirven el estelar *udon* tradicional para puristas y acompañamientos a la parrilla.

🍴 NAMCO NAMJATOWN
ナムコナンジャタウン
Parque temático gastronómico

☎ 5950 0765; 2ª y 3ª plantas, edificio World Import Mart, 3-1-3 Higashi-Ike-bukuro, Toshima-ku; entrada 300/ 200 ¥; ⏰ 10.00-22.00; 🚇 línea JR Yamanote a Ikebukuro (salida este)

Namco Namjatown alberga tres parques temáticos gastronómicos especializados en *gyōza* (empana-dillas), profiteroles y helados. La entrada solo incluye el acceso, la comida se paga aparte.

🍸 BEBER

🍸 NORARI:KURARI *Café*
2F 14-6 Babashitachō; ⏰ 11.00-24.00; 🚇 línea Tozai a Waseda

Acogedor local donde codearse con estudiantes de Waseda. Está decorado como una habitación de residencia universitaria (sofás vie-jos y arte *amateur* en las paredes). Es buena idea pedir un *moffle* (un *mochi*-gofre) y un café.

🍸 SASASHŪ 笹周 *Izakaya*
☎ 3971 6796; 2-2-6; Ikebukuro, Toshima-ku; ⏰ 17.00-22.00 lu-sa; 🚇 línea Maru-nouchi a Ikebukuro (salida C5);

Sirve manjares como el *kamonabe* (estofado de pato) y es un respeta-do especialista en sake, que man-

---

BEBIDA Y ETIQUETA

Cuando el viajero salga a tomar una copa debe mantener los vasos de sus invitados siempre surtidos, pero no llenar el suyo, ya que implica que sus acompañantes no le cuidan. Tendrá que esperar a que alguien le sirva y, cuando lo hagan, es de buena educación sos-tener el vaso con ambas manos. Y, lo más importante, no hay que olvidarse de decir *"¡Kampai!"* ("¡salud!").

---

tiene su inalterable solemnidad en medio de los locales de *striptease* de Ikebukuro. Si se carece de conocimientos de japonés, pídase *omakase* (la sugerencia del chef).

⭐ OCIO

⭐ NEKOBUKURO
ねこぶくろ *Zoo de mascotas*

☎ 3980 6111; 8ª planta, Tōkyū Hands, 1-28-10 Higashi-Ikebukuro, Toshima-ku; entrada 600 ¥; ⏰ 10.00-20.00; 🚇 línea JR Yamanote a Ikebukuro (salida este)

Los tokiotas que no tienen tiempo o espacio para tener sus propias mascotas acuden a este lugar, donde pueden jugar con gatos. Para satisfacer su pasión felina, solo se tiene que subir a la 8ª planta de la sucursal de Tōkyū Hands (p. 136) en Ikebukuru.

>UENO

El parque de Ueno-kōen, la atracción principal de este barrio de *shita-machi*, es un gran abanico de cultura integrado por numerosos museos, templos y santuarios. Aunque la mayoría de la gente accede al parque por la plaza del museo, se puede comenzar la visita por el lado sur y así verlo sin el cansancio previo de haber recorrido la galería de arte. Desde la salida Shinobazu de la terminal de JR Ueno, se cruza la carretera y se suben las escaleras que se encuentran a la izquierda de la entrada de la estación Keisei Ueno, después del pequeño pabellón donde se yergue la estatua de Takamori Saigō. Desde allí se continúa colina arriba hasta el templo para después dirigirse al área del museo, junto al zoo.

Cerca de este extremo sur del parque se encuentra también el gran estanque de Shinobazu-ike, donde proliferan los lotos y se pueden alquilar pequeños **botes** (☎ 3828 9502; botes de remos 600 ¥/h, barca a pedales 600 ¥/30 min; 🕑 9.00-17.00 mar-nov) para un tranquilo recorrido por el agua. El lago cuenta incluso con su propio templo, Benten-dō, en una isla.

UENO

👁 VER

Benten-dō (Ueno)	**1**	B4
Kiyōmizu Kannon-dō	**2**	C4
Museo Nacional de Arte Occidental	**3**	C4
Museo Nacional de Ciencia	**4**	C4
Museo Shitamachi	**5**	C5
Museo Metropolitano de Arte de Tokio	**6**	C3
Museo Nacional de Tokio (Tokyo Kokuritsu Hakubutsukan)	**7**	C3
Tōshōgu	**8**	B4
Zoo de Ueno	**9**	B4
Yanaka-reien	**10**	B2

🛍 COMPRAS

Galería comercial Ameyoko	**11**	C5
Isetatsu	**12**	A2
Nippori Fabric Town	**13**	C1

🍴 COMER

Sasa-no-Yuki	**14**	D2
Ueno Yabu Soba	**15**	C5
Yanaka Ginza	**16**	B1

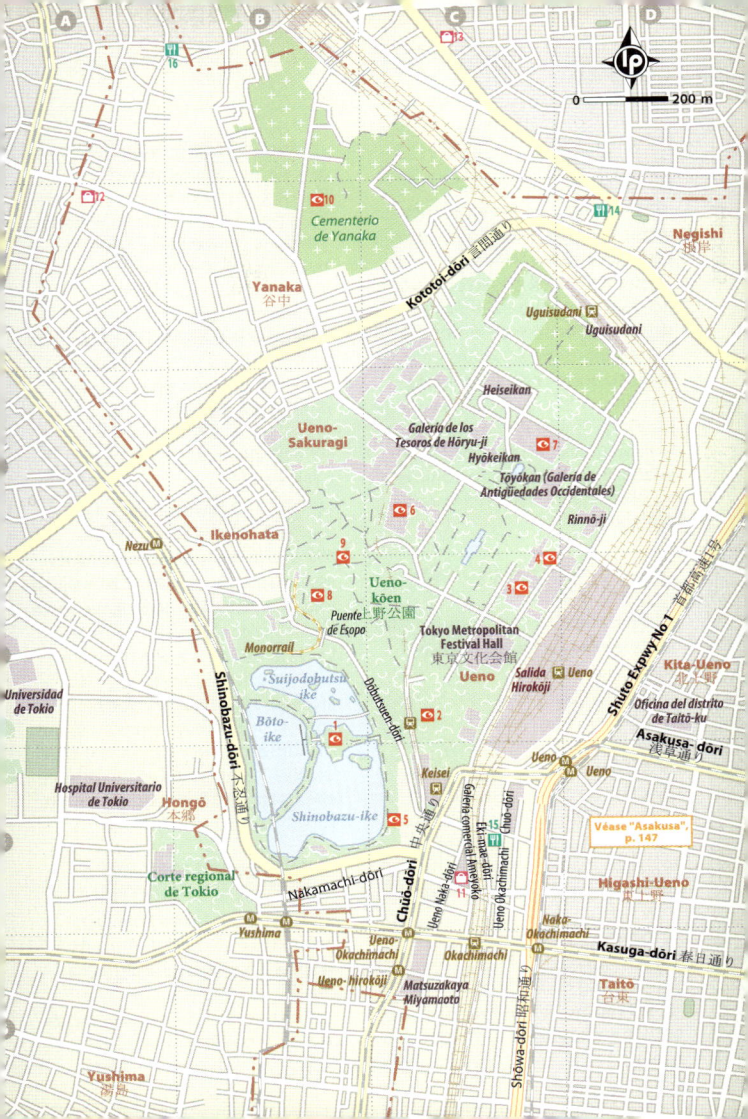

A
B
C
D

0 — 200 m

🏕️ 16

📷 12

📷 13

📷 10

Cementerio de Yanaka

Kototoi-dōri 言問通り

Negishi 根岸

Yanaka 谷中

🍴 14

Uguisudani 鶯谷

Uguisudani 🚉

Heiseikan

Ueno-Sakuragi

Galería de los Tesoros de Hōryū-ji

📷 7

Hyōkeikan

Tōyōkan (Galería de Antigüedades Occidentales)

Rinnō-ji

📷 6

Nezu 🚇 M

Ikenohata

📷 9

📷 4

🏕️ 8

Ueno-kōen 上野公園

📷 3

Puente de Esopo

Tokyo Metropolitan Festival Hall 東京文化会館

Monorrail

Suijōdobutsu-ike

Universidad de Tokio

Bōto-ike

Dōbutsuen-dōri

Salida Ueno Hirokōji

Ueno

Ueno 🚉 M

Kita-Ueno

Oficina del distrito de Taitō-ku

Hospital Universitario de Tokio

Hongō 本郷

📷 1

🍴 2

Ueno 🚉

Shinobazu-ike

Keisei

🏕️ 5

Galería comercial Ameyoko

Chūo-dōri 中央通り

Ueno-Naka-dōri

Chūo-dōri

Asakusa-dōri 浅草通り

Véase "Asakusa", p. 147

Higashi-Ueno 東上野

Corte regional de Tokio

Nakamachi-dōri

Ueno Naka-dōri

🛍️ 11

Ueno Okachimachi

Ueno

Naka-Okachimachi

Yushima

Yushima 湯島 🚇 M

Ueno-Okachimachi 🚉 M

Ueno-hirokōji

Matsuzakaya Miyamaota

Okachimachi 🚉

Shōwa-dōri 昭和通り

Kasuga-dōri 春日通り

Taitō 台東

Shinobazu-dōri 不忍通り

Shuto Expwy No 1 首都高速道路

◉ VER

◉ BENTEN-DŌ 弁天堂

☎ 3821 4638; 2-1 Ueno-kōen, Taitō-ku; gratis; ⏱ 9.00-17.00; 🚇 línea JR Yamanote a Ueno (salida Shinobazu)

Se puede dar un paseo en barca por el estanque para llegar a la isla donde se encuentra Benten-dō, un templo dedicado a Benzaiten, la diosa budista de las artes, la sabiduría y el mar, y protectora de los niños (cubre un amplio espectro). Su ubicación le aporta valor añadido y ofrece la oportunidad de observar las aves y la flora de la zona.

◉ KIYOMIZU KANNON-DŌ 清水観音堂

1-4 Ueno-kōen, Taitō-ku; gratis; ⏱ 9.00-17.00; 🚇 línea JR Yamanote a Ueno (salida Shinobazu)

Templo de color rojo situado muy cerca de la estatua de Takamori Saigō. Durante Ningyō-kuyō (p. 33), las mujeres deseosas de concebir dejan muñecas como ofrenda a Senjū Kannon (la diosa de la misericordia con 1000 brazos), que luego se queman en una ceremonia el 25 de septiembre.

◉ MUSEO NACIONAL DE ARTE OCCIDENTAL 国立西洋美術館

☎ 5777 8600; 7-7 Ueno-kōen, Taitō-ku; 420/130 ¥/ gratis; ⏱ 9.30-17.30 ma-ju, sa y do, 9.30-20.00 vi; 🚇 línea JR Yamanote a Ueno (salida al parque); ♿

Puede parecer extraño viajar tan lejos para ver esculturas de Rodin y arquitectura de Le Corbusier, pero este museo merece una visita por sus exposiciones itinerantes. Se recomienda consultar la cartelera para conocer la programación. Suele haber un suplemento para acceder a las muestras especiales.

◉ MUSEO NACIONAL DE CIENCIA 国立科学博物館

☎ 3822 0111; www.kahaku.go.jp/english; 7-20 Ueno-kōen, Taitō-ku; 600 ¥/gratis, suplemento exposiciones especiales 500 ¥; ⏱ 9.00-17.00 ma-ju, sa y do, 9.00-20.00 vi 🚇 línea JR Yamanote a Ueno (salida al parque); ♿ ♿

La reciente renovación ha hecho este museo más adecuado para visitantes foráneos, ya que ha incorporado señalizaciones en inglés. Las muestras interactivas son ideales para los niños. Es una excelente visita para los más pequeños junto con el zoo de Ueno (p. 143).

◉ MUSEO SHITAMACHI 下町風俗資料館

☎ 3823 7451; 2-1 Ueno-kōen, Taitō-ku; 300/100 ¥; ⏱ 9.30-16.30 ma-do; 🚇 línea JR Yamanote a Ueno (salida Hirokōji); ♿ ♿

Este museo dedicado al *shitamachi* de Edo, el barrio plebeyo del antiguo Tokio, cuenta con juegos y ropa de época. Las muestras interactivas incluyen una tienda de dulces, la casa y comercio de un fabricante de calderos de cobre y un edificio de apartamentos (hay que quitarse los zapatos).

☑ MUSEO METROPOLITANO DE ARTE DE TOKIO
東京都美術館
☎ 3823 6921; www.tobikan.jp; 8-36 Ueno-kōen, Taitō-ku; entrada variable ⏱ 9.00-17.00, cerrado 3ᵉʳ lu de mes; 🚇 línea JR Yamanote a Ueno (salida Park); ♿

En este museo se encuentran varias galerías que exponen muestras temporales de arte contemporáneo japonés. Exhibe todo tipo de arte al estilo occidental y obras tradicionales como *sumi-e* (pintura a la tinta) e ikebana. Excepto la galería principal, el resto de salas están dirigidas por artistas y colectivos que las alquilan, por lo que las exhibiciones resultan heterogéneas.

☑ MUSEO NACIONAL DE TOKIO 東京国立博物館
☎ 3822 1111; www.tnm.jp; 13-9 Ueno-kōen, Taitō-ku; 600/400 ¥/gratis; ⏱ 9.30-17.00 ma-ju, sa y do, 9.30-20.00 vi; 🚇 línea JR Yamanote a Ueno (salida al parque); ♿

Este escaparate de arte japonés y asiático es la joya de la corona de

GREG ELMS / LONELY PLANET IMAGES ©
Armado hasta los dientes. Museo Nacional de Tokio.

los museos de Ueno-kōen. Para reflexionar tras la visita, nada mejor que un paseo por el cementerio de sogunes Tokugawa, detrás del museo.

☑ TŌSHŌGŪ 東照宮
☎ 3822 3455; 1-9 Ueno-kōen, Taitō-ku; 200 ¥; ⏱ 9.00-16.30; 🚇 línea JR Yamanote a Ueno (salida Shinobazu)

Construido en 1627, este santuario se distingue por ser una de las pocas estructuras supervivientes del temprano período Edo. Resistió el gran terremoto de Kantō en

Terrie Lloyd
Emprendedor de origen neozelandés y editor de varias de las principales revistas en inglés publicadas en Japón (incluida Metropolis*).*

¿Qué le trajo a Tokio? Vine gracias a la primera ola de visados de trabajo-turista entre Australia y Japón, en 1983. Necesitaba un cambio de mi trabajo tecnológico en Sídney y Japón era el sitio más diferente que podía imaginar. **¿Qué no debería perderse nadie que visite Tokio?** Lo primero, el santuario Meiji (p. 20) justo antes de la puesta de sol. Lo segundo, la animada Takeshita-dōri, rebosante de chicas adolescentes y cada una de ellas empeñada en ser más estilosa que la otra. Y tercero, algo relacionado con la comida; comer fuera es un estilo de vida. Para degustar *sashimi* recomendaría la zona cercana a Tsukiji (p. 51). **¿Cuál es la mayor idea falsa que se tiene sobre Tokio?** Antes de marzo del 2011 se decía que los precios de Tokio eran prohibitivos, pero con 35 millones de personas en la ciudad lo cierto es que existe mucha variedad; como boles de ternera por 290 ¥. Después del terremoto, que es un lugar poco seguro. Se mide la radiación a diario y en la ciudad los niveles no son significativos.

1923, la Segunda Guerra Mundial y otros desastres históricos. Merece la pena pagar la entrada para ver su intrincada decoración, la arquitectura propia de otros santuarios Tōshōgū de Japón y los atípicos faroles de cobre a lo largo del camino.

🔵 ZOO DE UENO
上野動物園

☎ 3828 5171; 9-83 Ueno-kōen, Taitō-ku; 600/200 ¥/gratis; ⏰ 9.30-17.00 ma-do; 🚇 línea Chiyoda a Nezu (salida sur), 🚆 línea JR Yamanote a Ueno (salida al parque); ♿ 🚻

Inaugurado en 1892, es el más antiguo de Japón. Su visita no es imprescindible, pero a los más pequeños les encantará divertirse con el verdadero reparto de *El rey león* y los fotógrafos disfrutarán retratando jirafas sobre fondos de rascacielos.

PASE GRUTT
Si se tiene planeado entrar a varios museos durante la visita a Tokio es recomendable adquirir el pase Grutt (2000 ¥) en el Centro de Información Turística de Tokio (p. 204). Se trata de un talonario de tiques que permiten el acceso gratis o con descuento a unos cincuenta museos y zoológicos. Tiene una validez de dos meses a partir del primer uso y la inversión se recupera rápidamente. También se vende en los museos participantes.

🔴 YANAKA-REIEN 谷中霊園
7 Yanaka, Taito-ku; 🚆 línea JR Yamanote a Nippori

Es uno de los cementerios más grandes de Tokio y en él reposan más de siete mil almas, muchas de ellas en su día famosas, como el novelista Soseki Natsume (su imagen aparece en el billete de 1000 ¥), del período Meiji. Es precioso en primavera, cuando los cerezos florecen y cubren de flores tumbas y estatuas.

🛍 COMPRAS
🛒 GALERÍA COMERCIAL AMEYOKO アメ横 *Mercado*
🚆 líneas JR Yamanote a Okachimachi (salida norte) o Ueno (salida Hirokōji), 🚇 línea Ginza a Ueno-Hirokōji (salida A5) o línea Hibiya a Naka-Okachimachi (salida A5)

Ameya-yokochō (Ameyoko, para abreviar) es una de las únicas zonas comerciales al aire libre de Tokio. Fue famosa como mercado negro tras la Segunda Guerra Mundial y aún conserva parte de ese ambiente, con tenderos que gritan y puestos de pescado seco, hierbas y setas. En el edificio Ameyoko Center se venden especias de importación y productos asiáticos, y en los alrededores hay tiendas de ropa y zapatos.

Yakitori en la galería comercial Ameyoko (p. 143).

MARK HEMMINGS / LONELY PLANET IMAGES ©

🏠 ISETATSU いせ辰
Artesanía japonesa

www.norenkai.net/shop/isetatsu; 2-18-9 Yanaka, Taito-ku; 🚃 línea JR Yamanote a Nippori

El último fabricante de Tokio de *chiyogami* (papel xilografiado de colores brillantes del período Edo; 2625 ¥) vende bonitos diseños florales que han atraído a los ojos más expertos, incluidos los de Van Gogh.

🏠 NIPPORI FABRIC TOWN
Artesanía, tejidos

www.netlaputa.ne.jp/~nippori; 🚃 línea JR Yamanote a Nippori (salida sur)

Tras salir de la estación de tren, se pasa el Mos Burger para llegar a estas 85 tiendas que venden todo tipo de tejidos. Las **Tomato** –son cinco, la mayoría de ellas se hallan a mitad de la zona– tienen excelentes ofertas en tejidos, extraños estampados en algodón y retales. En este mismo barrio se encuentran artículos de piel y curiosas cintas.

🍴 COMER

🍴 SASA-NO-YUKI 笹乃雪
Japonesa tradicional ¥¥

☎ 3873 1145; 2-15-10 Negishi, Taitō-ku; www.sasanoyuki.com; ⏰ 11.00-20.00 ma-do; 🚃 línea JR Yamanote a Uguisu-dani (salida norte); V ♿

Sasa-no-Yuki, literalmente "nieve sobre bambú", abrió hace más de trescientos años. Manteniéndose fiel a sus raíces, continúa sirviendo tofu de múltiples formas y ofrece *tōfu-ryōri* (menú de varios platos elaborados con este queso de soja). Los vegetarianos estrictos deben tener en cuenta que muchos platos incluyen pollo o pescado; se recomienda consultar con los amables camareros para mayor información.

🍴 UENO YABU SOBA
上野やぶそば
Soba ¥

☎ 3831 4728; 6-9-16 Ueno, Taitō-ku;
🕑 11.30-21.00 ju-ma; 🚇 línea JR Yamanote a Ueno (salida Hirokōji); ♿

En este ajetreado y famoso lugar preparan un *soba* de lujo, desde el sencillo *zaru soba* (fideos sin salsa, fríos, para mojar en caldo) hasta los suntuosos *tenseiro* (fideos con *tempura* de verduras y gambas). La carta con imágenes facilita la elección. Para encontrar el local, hay que buscar el cartel de granito negro en la fachada que reza "Since 1892" ("desde 1892").

🍴 YANAKA GINZA
Puestos de comida ¥

tentempiés desde 60 ¥; 🚇 línea JR Yamanote a Nippori (salida oeste)

Pero… ¿esto es Tokio? Como un camino de baldosas amarillas que va colina abajo, Yanaka Ginza parece más una pequeña y animada aldea que una callejuela de Tokio. La variedad de tentempiés baratos incluye desde brochetas *yakitori* a crujientes croquetas. Uno puede acomodarse sobre una caja, con los lugareños, y acompañar la comida con una cerveza.

>ASAKUSA

A pesar de que Asakusa atrae un importante movimiento turístico, aún conserva un espíritu de diamante en bruto propio de *shitamachi*, que en su momento lo convirtió en motor de la antigua Edo. Con su bulliciosa atracción central, el templo Sensō-ji –que recibe visitantes devotos o aficionados a la fotografía–, las calles, templos y santuarios, en Asakusa se respira un ambiente histórico. Además, los artesanos de la zona mantienen las tradiciones con su esmerado trabajo.

El barrio, con el distrito de tiendas de artículos de cocina Kappabashi-dōri al oeste y el río Sumida al este, se puede recorrer a pie. Pero cerca de Kaminarimon se será tentado por conductores de *jinrikisha* (carritos tirados por una persona), con su vestimenta tradicional, que pueden realizar circuitos (desde 2100 ¥/10 min por persona) con paradas en lugares de interés y comentarios en japonés u otros idiomas. Asakusa se mueve a un ritmo ajetreado durante el día, pero tiende a apagarse al caer la noche.

ASAKUSA

🔄 VER
Asakusa-jinja **1** C2
Chingodō-ji (santuario
  de Chingodō) **2** B3
Dembō-in **3** B3
Museo de Artesanía
  Tradicional Edo
  Shitamachi **4** B2
Sensō-ji **5** C2
Taiko-Kan (Museo del
  Tambor) **6** A3

🛍 COMPRAS
Kappabashi-Dōri **7** A3
Yoshitoku **8** A6

🍴 COMER
Daikokuya **9** B3
Ef **10** C3
Irokawa **11** B4
Komagata Dōjō **12** B4
Vin Chou **13** A3

🍸 BEBER
Asahi Sky Room **14** C4
Kamiya Bar **15** C4

⭐ OCIO
Asakusa Kannon
  Onsen **16** B2
Jakotsu-yu **17** B3

A   **B**   **C**   **D**

Imado
今戸

Kokusai-dōri

Kototoi-dōri

Taitō-ku

Asakusa

Yoshino-dōri

Sumida-kōen

Asakusa
View Hotel

Hisago-dōri

Parque de
atracciones de
Hanayashiki

Asakusa-
kōen

Kototoi-dōri

言問通り

Kototoi-bashi

Kappabashihon-dōri

Hanakawadokōen

Umamichi-dōri

Hanakawado

花川戸

Nishi-
Asakusa
西浅草

Asakusa
Engei Hall

Dembō-in

Hōzō-
mon

Centro de
información turística
de Asakusa

Tōbu
東武
Asakusa

Shuto Expwy No 6
首都高速6号

Tokyo
Hongan-ji

Shin-Nakamise-dōri

Orange-dōri
オレンジ通り

Chiyoda-dōri

Nakamise-dōri

Tōbu
Asakusa

Edo-dōri

Kaminarimon-dōri

Metro-dōri

Asakusa

Kaminarimon
雷門

Muelle de Suijo Bus

Azuma-bashi
吾妻橋

Edificio
Asahi
Super Dry

Tawaramachi

Asakusa

Asakusa-dōri

Komagata-bash
駒形橋

Honjo-
Azumabashi

Kotobuki

Río Sumida (Sumida-gawa)
隅田川

Shuto Expwy No 6 首都高速6号

Misume-dōri

Kasuga-dōri

Kokusai-dōri

国際通り

Kuramae

Kuramae

Asakusabashi

BARRIOS

ASAKUSA

👁 VER

👁 ASAKUSA-JINJA 浅草神社
2-3-1 Asakusa, Taitō-ku; gratis; 🚇 líneas Ginza y Toei Asakusa a Asakusa (salidas 1 y A5)

El templo budista Sensō-ji se ubica frente a su vecino sintoísta, Asakusa-jinja, como un silencioso testimonio arquitectónico de la pacífica coexistencia de estas dos religiones en Japón. También conocido como Sanja-sama, es sede de Sanja Matsuri, una de las *matsuri* (p. 31) más importantes de Tokio.

👁 CHINGODŌ-JI 鎮護寺
2-3-1 Asakusa, Taitō-ku; gratis; 🚇 líneas Ginza y Toei Asakusa a Asakusa (salidas 1 y A5)

Este tranquilo y pequeño santuario en la ribera de Dembō-in (a continuación) rinde tributo a *tanuki*, el perro-mapache embustero de la mitología japonesa que suele representarse con unos enormes testículos que le permiten volar.

👁 DEMBŌ-IN 伝法院
☎ 3842 0181; 2-3-1 Asakusa, Taitō-ku; gratis; 🕐 9.00-16.30, cerrado durante las celebraciones; 🚇 líneas Ginza y Toei Asakusa a Asakusa (salidas 1 y A5)

Este templo secreto con jardín se ubica junto a Sensō-ji. En su interior se halla un estanque pintoresco y una réplica de una famosa tetería de Kioto. Aunque no está abierto al público, se puede pedir cita para visitarlo llamando unos días antes a la oficina del templo (dentro de la pagoda de cinco alturas).

👁 MUSEO DE ARTESANÍA TRADICIONAL EDO SHITAMACHI
江戸下町伝統工芸館
☎ 3842 1990; 2-22-13 Asakusa, Taitō-ku; gratis; 🕐 10.00-20.00; 🚇 Tsukuba

VISITA A UN SANTUARIO

Después de atravesar el *torii* (arco de acceso) de un templo, se encuentra una *chōzuya* (pila de agua) con cazos de mango muy largo para purificarse antes de entrar en el recinto sagrado. Hay que tomar un cazo, llenarlo de agua fresca del grifo, echarse un poco en una mano y cambiarlo de mano para limpiarse la otra. Luego, se pone un poco de agua en la mano ahuecando la palma y se enjuaga la boca escupiendo en el suelo al lado de la pila.

Una vez dentro hay que dirigirse a la *haiden* (sala de adoración), que se halla frente a la *honden* (sala principal) consagrada al *kami* (dios del templo). Se deposita una moneda en la caja de ofrendas, se hace sonar el gong para invocar a la deidad, se reza, se dan dos palmadas y se hace una reverencia. Cumplido esto, ya se puede salir del templo.

El templo Sensō-ji ilumina el cielo al caer la noche.

GREG ELMS / LONELY PLANET IMAGES ©

Express a Asakusa (salida A1) o línea Ginza a Tawaramachi (salida 3)
Es un lugar maravilloso para ver las artesanías que se elaboran en Shitamachi. La galería del 2º piso acoge una exposición rotativa de obras (como abanicos, farolillos, cuchillos, intrincadas tallas y cristal) de artesanos de la zona. También se organizan demostraciones de artesanía los fines de semana, alrededor del mediodía.

🧭 SENSŌ-JI 浅草寺
☎ 3842 0181; 2-3-1 Asakusa, Taitō-ku; gratis; 🚇 líneas Ginza y Toei Asakusa a Asakusa (salidas 1 y A5)
Con su pagoda y santuarios cercanos, Sensō-ji es una de las visitas más típicas de Tokio. Se encuentra en el corazón de Asakusa y funciona como templo de la comunidad. Si se alza la vista al llegar a Hōzōmon –la segunda entrada que lleva al santuario–, se distingue a la izquierda una pagoda de cinco plantas, la segunda más alta de Japón.

🧭 TAIKOKAN (MUSEO DEL TAMBOR) 太鼓館
☎ 3842 5622; 2-1-1 Nishi-Asakusa, Taitō-ku; 300/150 ¥; 🕐 10.00-17.00 mi-do; 🚇 línea Ginza a Tarawachō (salida 3)
Es inevitable sentir la irrefrenable necesidad de hacer sonar un gong si se tiene la oportunidad. Afortunadamente, este museo de

BARRIOS

ASAKUSA

tambores permite que se toquen los objetos expuestos (siempre que no aparezcan marcados con un punto rojo). Se muestran instrumentos de percusión de todo el mundo, desde *taiko* (tambores tradicionales japoneses) hasta arpas africanas.

COMPRAS

Nakamise-dōri, la concurrida calle peatonal que lleva a Sensō-ji, está abarrotada de tiendas de recuerdos como *geta* (sandalias de madera que se llevan con los quimonos), peines lacados, pitilleras y bolsos hechos de tela de quimono, y juguetes y baratijas de estilo Edo. Se pueden encontrar puestos de *sembei* (galletas de arroz con sabores), *anko* (pasta de judías), dulces y *mochi* (bollitos de arroz) recién hechos. Además de la vía principal, los callejones a ambos lados de Nakamise-dōri y las calles alrededor de Sensō-ji rebosan de pequeñas tiendas de *tenugui* (toallas de mano) o accesorios para los quimonos y otras artesanías.

KAPPABASHI-DŌRI

かっぱ橋通り *Menaje y regalos*
Esta zona de tiendas especializadas en artículos de

GREG ELMS / LONELY PLANET IMAGES ©

La comida de plástico engaña a la vista en Kappabashi-dōri, la zona de tiendas de menaje de Asakusa.

cocina se sitúa en el lado oeste de Asakusa. Restaurantes y particulares compran aquí menaje, bandejas de bambú, *noren* (cortinas) y, lo mejor de todo, esas excelentes réplicas de comida. No son baratas, un par de piezas de *sushi* de plástico salen por unos 2500 ¥.

🎎 YOSHITOKU 吉徳 *Muñecas*
☎ 3863 4419; 1-9-14 Asakusabashi, Taitō-ku; 🕐 9.30-17.30 lu-sa; 🚇 línea JR Sōbu a Asakusabashi (salida principal) 🚇 línea Toei Asakusa a Asakusabashi (salida A2)

Esta tienda, que trabaja para el emperador, lleva en el negocio desde 1711. Sus muñecas están elaboradas con porcelana y seda, y vestidas con suntuosos quimonos y accesorios. Las pequeñas pueden costar unos 2000 ¥. Para las más grandes y elaboradas, se necesitará una inversión mucho mayor.

🍴 COMER

🍴 DAIKOKUYA 大黒家
Tempura ¥¥
☎ 3844 1111; 1-38-10 Asakusa, Taitō-ku; 🕐 11.30-20.30 lu-vi, 11.30-21.00 sa; 🚇 líneas Ginza y Toei Asakusa a Asakusa (salidas 1 y A5);

Cerca de Nakamise-dōri, este famoso lugar ofrece *tempura* auténtica, una especialidad de

Asakusa. La cola que se forma a mediodía suele dar la vuelta a la esquina. También se puede probar suerte en la sucursal de la siguiente manzana.

🍴 EF *Café* ¥¥
www.gallery-ef.com; 2-19-18 Kaminarimon, Taito-ku; 🕐 almuerzo y cena; 🚇 líneas Ginza y Asakusa a Asakusa (salida 2)

Situado en una vieja casa de madera que resistió el terremoto de 1923 y la Segunda Guerra Mundial, es bonito y sin pretensiones. Ofrece platos sencillos y exhibe obras de artistas locales.

🍴 IROKAWA 色川 *Unagi* ¥¥
☎ 3844 1187; 2-6-11 Kaminarimon, Taitō-ku; 🕐 11.20-13.30 y 17.00-20.30 lu-sa; 🚇 líneas Ginza y Toei Asakusa a Asakusa (salidas 2 y A1)

Sus *unagi* (anguilas) son de las mejores de la zona. Se recomienda la *unaju* (anguila asada con arroz). El exterior es humilde y tradicional, con plantas en la puerta, y resulta un lugar acogedor donde comer entre tokiotas.

🍴 KOMAGATA DOJŌ 駒形どぜう
Dojō ¥¥
☎ 3842 4001; 1-7-12 Komagata, Taito-ku; 🕐 11.00-21.00; 🚇 líneas Ginza y Toei Asakusa a Asakusa (salidas 2 y A5); ♿

La sexta generación de chefs de este maravilloso restaurante sigue la tradición de elevar el sencillo *dojō* (pescado pequeño de río similar a la anguila) a la categoría de delicia exquisita. Se puede degustar de 10 maneras diferentes y tienen carta en inglés. Sentarse en el suelo ante una de sus pequeñas mesas de madera realza el sabor tradicional.

🍴 VIN CHOU 萬鳥 *Yakitori* ¥¥
☎ 3845 4430; 2-2-13 Nishi-Asakusa, Taitō-ku; ⏱ 17.00-23.00 ju-sa, lu y ma, 16.00-22.00 do; 🚇 líneas Ginza y Toei Asakusa a Asakusa (salidas 1 y A5)
Sito en una esquina de Asakusa, este lugar es una auténtica rareza, un *yakitori* de estilo francés que sirve fuagrás con *tori negi* (pollo y cebolla dulce). Es elegante y exclusivo, y ofrece quesos y aves importados de Europa. Se encuentra una calle al oeste del Taikokan (p. 149).

🍸 BEBER
Asakusa es otro de esos barrios con muy poca vida nocturna. Sin embargo, se puede tomar una copa o dos en los bares que se listan a continuación.

🍸 ASAHI SKY ROOM
アサヒスカイルーム *Bar*
☎ 5608 5277; 22F, edificio Asahi Super Dry, 1-23-1 Azumabashi, Sumida-ku;

⏱ 10.00-22.00; 🚇 líneas Ginza y Toei Asakusa a Asakusa (salidas 4 y A5)
Después de pasar el día en lugares religiosos, se puede acabar con una visita al altar de Asahi, en el 22º piso del dorado edificio Asahi Super Dry. Se encuentra junto a la infame escultura *Flamme d'Or*, también conocida como "el excremento dorado", en la orilla este del río Sumida. El local en sí no destaca especialmente, pero sus bebidas tienen como fondo unas vistas espectaculares, especialmente al atardecer.

🍸 KAMIYA BAR 神谷バー *Bar*
☎ 3841 5400; 1-1-1 Asakusa, Taitō-ku; ⏱ 11.30-22.00 mi-lu; 🚇 líneas Ginza y Toei Asakusa a Asakusa (salidas 3 y A5)
Este antiguo bar fue el favorito de los intelectuales y apenas ha cambiado desde que se fundó, en 1880. El 1er piso es una cervecería en la que se paga por las bebidas en la entrada. Su especialidad es un cóctel de *brandy* llamado *denki-bran*. Los restaurantes de la planta superior sirven comida japonesa y occidental, aunque esa no debe ser la razón para acudir a este local.

⭐ OCIO
ASAKUSA KANNON ONSEN
浅草観音温泉 *Aguas termales*
☎ 3844 4141; 2-7-26 Asakusa, Taitō-ku;

entrada 700 ¥; 🕒 **6.30-18.00 ju-ma;** Ⓜ **líneas Ginza y Toei Asakusa a Asakusa (salidas 1 y A5)**
Para encontrar estos tradicionales baños públicos se debe buscar un exterior cubierto de marfil. El agua está a 40°C y el ambiente histórico de Asakusa lo convierte en un buen lugar para un baño reconfortante.

⭐ **JAKOTSU-YU** 蛇骨湯
Aguas termales
☎ **3841 8645; www.jakotsuyu.co.jp; 1-11-11 Asakusa, Taitō-ku; entrada 450 ¥;** 🕒 **13.00-24.00 mi-lu;** Ⓜ **línea Ginza a Tawaramachi (salida 3)**
Jakotsu-yu es un *onsen* (aguas termales) pequeño y maravilloso, con aguas oscuras ricas en minerales a 45°C y un pequeño *rotemburo* (baño termal al aire libre)

TATUAJES

Relacionados con la *yakuza* (mafia), los *irezumi* (tatuajes) son todavía un gran tabú en Japón. Aunque el *body art* gana popularidad entre los jóvenes, los tatuajes aún no son tan comunes como en Occidente. Si el viajero lleva alguno, es recomendable que guarde discreción en los *sentō* (baños públicos) o los *onsen* (aguas termales). Es común ver carteles que prohíben la entrada a personas tatuadas, para ahuyentar a los *yakuza* (aunque, en realidad, si ellos quisieran entrarían de todos modos). En cualquier caso, se debe tener en cuenta esta dificultad.

en un jardín. Desde Kokusai-dōri, se debe girar en el segundo callejón al norte de Kaminarimon-dōri y luego adentrarse en la primera callejuela a la derecha.

>ODAIBA

Esta isla artificial construida en la bahía de Tokio supone una buena vía de escape en pleno centro de la ciudad. Mucha gente llega a bordo del monorraíl sin conductor desde la estación de Shimbashi y se ve recompensada con soberbias vistas de Tokio y su bahía. Pero esto no es todo: Odaiba es un distrito de ocio, un lugar con una arquitectura diferente y un escaparate de innovaciones futuristas exhibidas en museos y salas de la ciudad. Los niños no se aburrirán con Tokyo Joypolis (un parque temático de tecnología), la noria más grande del mundo y excelentes museos cuyas muestras incluyen barcos a control remoto. Los amantes del *kitsch* estarán encantados de encontrarse con la réplica de la estatua de la Libertad y los parques temáticos que imitan imágenes del antiguo Edo, Hong Kong y la Italia del s. XVII (unos baños públicos, restaurantes y centro comercial, respectivamente). Si existe un tema común en la arquitectura de Odaiba podría llamarse "experimental", pero, sobre todo, se centra en la estética futurista y las intenciones de la época de la burbuja inmobiliaria y financiera.

ODAIBA

A **B** **C** **D**

Kōtō-ku
江東区

Ariake
Tennis-
no-mori

Bahía de Tokio
東京湾

Ariake
Colosseum

Daiba-
kōen

Ariake
Tennis
Park

Ariake
有明

首都高速湾岸線

Kokusai
Tenjijō

Ariake

Shuto Expwy No. 11
首都高速11号

Shuto Expwy Wangan Line

Al aeropuerto
internacional
de Narita (65km)

4

Odaiba
Kaihin-
kōen

Kokusai-
tenjijō-
Seimon

5

daiba
Marine
Park

6

Aqua
City

8

Tokyo
Teleport

Puente del Sueño
夢の大橋

Daiba

1

Aomi
青海

Neo Geo
World

Toyota
Mega Web

Muelle
internacional
de Tokio

Palette
Town

7

Aomi

Paseo marítimo central

iokaze-kōen
潮風公園

2

Paseo marítimo oriental

Fune-no-
Kagakukan

3

Telecom
Center

Telecom
Center

Muelle
oeste de
Jugochi

9

Bahía de Tokio
東京湾

Akatsuki
Futō-
kōen

Muelle
internacional
de Tokio

Bahía de Tokio
東京湾

👁 VER

Como Odaiba no cuenta con la típica congestión de tráfico de To-kio, resulta bastante apacible para pasear. Si se desea hacer un gran recorrido entre museos, galerías y *onsen* (aguas termales), tal vez es preferible tomar el autobús lanza-dera gratuito que circunvala la isla, desde las 11.00 hasta las 20.00. Los autocares rojos pasan cada 15 minutos aproximadamente y tienen parada (con indicadores rojos de fácil interpretación) en una docena de lugares, incluidos Aqua City y Fuji TV.

👁 FUJI TV フジテレビ

☎ 5500 8888; 2-4-8 Daiba, Minato-ku; plataforma de observación 500/300 ¥; 🕐 10.00-20.00 ma-do; 🚉 línea Rinkai a Tokyo Teleport o línea Yurikamome a Odaiba Kaihin-kōen

Diseñado por Kenzō Tange, el centro de emisiones de Fuji TV es reconocible por los ángulos de 90 grados que definen su peculiar estructura, rematada por una bola de 1200 toneladas, en la que se puede entrar y que es una exce-lente plataforma de observación. Disponen de información para realizar una visita autoguiada.

👁 MUSEO DE CIENCIAS MARÍTIMAS 船の科学館

☎ 5500 1111; www.funenokagakukan. or.jp; 3-1 Higashi-Yashio, Shinagawa-

ku; entrada 700/400 ¥; 🕐 10.00-17.00 ma-do, 10.00-18.00 sa y do; 🚉 línea Yurikamome a Fune-no-Kagakukan; ♿ 🚼

Las cuatro plantas de uno de los mejores museos de Tokio exhiben magníficas muestras detalladas, muchas de las cuales se pueden manipular y encan-tarán a los niños. Además, en la piscina en la azotea (100 ¥) podrán causar estragos con barcos y submarinos a control remoto.

👁 MUSEO NACIONAL DE CIENCIAS EMERGENTES E INNOVACIÓN (MIRAIKAN) 日本科学未来館

☎ 3570 9151; www.miraikan.jst. go.jp; 2-3-6 Aomi, Kōtō-ku; entrada 600/200 ¥, niños gratis sa; 🕐 10.00-17.00 mi-lu; 🚉 línea Yurikamome a Fune-no- Kagakukan o Telecom Center; ♿ 🚼

Los niños disfrutarán con las exposiciones de este museo, en el que casi todas las muestras tienen explicaciones en inglés. Cuenta con un planetario espec-tacular (se recomienda comprar los tiques al llegar), demostra-ciones de robots con los que se puede interactuar y miles de exhibiciones variadas sobre el espacio, la medicina y el medio ambiente.

🅒 TOKYO BIG SIGHT
東京ビッグサイト

☎ 5530 1111; www.bigsight.jp/
english; 3-21-1 Ariake, Kōtō-ku;
🚇 línea Rinkai a Kokusai-Tenjijō o
línea Yurikamome a Kokusai-Tenjijō-
Seimon; ♿

Odaiba está repleto de ejemplos
arquitectónicos curiosos, como
este lugar (que oficialmente se
conoce como Feria Internacional de Muestras de Tokio). Es la
sede del festival semestral de
diseño más *cool* de la ciudad,
Design Festa (p. 107). Búsquen-
se las pirámides invertidas de
la torre de conferencias que
asoman sobre el pabellón de
exposiciones.

🛍 COMPRAS
🅐 DECKS TOKYO BEACH
デックス東京ビーチ

Grandes almacenes

☎ 3599 6500; www.odaiba-decks.com;
1-6-1 Daiba, Minato-ku; 🕙 11.00-21.00;
🚇 línea Yurikamome a Odaiba Kaihin-
kōen; ♿ 🚻

Inspirado en un paseo
marítimo, este centro
comercial se divide en dos
partes (Seaside Mall e Island
Mall), que albergan tiendas
y restaurantes. Aquí también
se encuentra el parque de
atracciones cubierto Tokyo
Joypolis (p. 159).

🅐 VENUS FORT
ヴィーナスフォート

Grandes almacenes

☎ 3599 0700; www.venusfort.co.jp;
Palette Town, Aomi 1-chōme, Kōtō-
ku; 🕙 11.00-21.00, restaurantes
11.00-23.00; 🚇 línea Yurikamome a
Aomi o línea Rinkai a Tokyo Teleport;
♿

Encarna la visión japonesa del
paraíso de las tiendas para la
mujer joven. El edificio imita una
construcción romana del s. XVII, con
el techo pintado con un cielo que
simula el día y la noche, y cerca de
ciento setenta *boutiques* y restaurantes especialmente dirigidos a
las mujeres. Además, este centro
comercial *kitsch* presume de tener

RICHARD T NOWITZ / CORBIS

Patio descubierto en el romano Venus Fort.

el lavabo más grande de Japón, con 64 aseos.

🍴 COMER

🍴 DAIBA LITTLE HONG KONG
Parque temático gastronómico ¥¥

☎ 3599 6500; 6ª y 7ª plantas, Decks Tokyo Beach, 1-6-1 Daiba, Minato-ku; ⏱ 11.00-22.00; 🚃 línea Yurikamome a Ôdaiba Kaihin-Kōen; ♿ ♿

Entre las extravagantes atracciones de Odaiba se encuentra esta curiosa réplica de las calles de Hong Kong, que incluye banda sonora del ruido de la ciudad, letreros de neón, tiendas de recuerdos y restaurantes de *gyōza* (buñuelos) y *yum cha*.

🍴 KHAZANA カザーナ *India* ¥

☎ 3599 6551; 5ª planta, Decks Tokyo Beach, 1-6-1 Daiba, Minato-ku; ⏱ 11.00-22.00; 🚃 línea Yurikamome a Ôdaiba Kaihin-Kōen; ♿ Ⓥ ♿

Se recomienda llegar temprano para conseguir una de las solicitadas mesas del exterior para mayor placer de los sentidos. Sirve un buen bufé libre al mediodía y su carta ofrece una respetable variedad de opciones vegetarianas.

🍴 TSUKIJI TAMA SUSHI
築地玉寿司 *Sushi y sashimi* ¥¥

☎ 3599 6556; 5ª planta, Decks Tokyo Beach, 1-6-1 Daiba, Minato-ku;

⏱ 11.00-23.00; 🚃 línea Yurikamome a Odaiba Kaihin-kōen

Ideal para sentarse cerca de la ventana y tomar una enorme taza de té verde mientras se espera el *sushi*, que llegará con una presentación inmaculada y perfectamente fresco. La carta también incluye *udon* (fideos).

🍸 BEBER

HANASHIBE はなしべ *Izakaya*

☎ 3599 5575; 3ª planta, Aqua City, 1-7-1 Daiba, Minato-ku; ⏱ 11.00-23.00; 🚃 línea Yurikamome a Daiba;

Sirve diversas especialidades de Kioto y sake artesanal. Ubicado en el centro de ocio Mediage en Aqua City, este local ofrece tres clases de sake en una degustación (700 ¥) que se puede acompañar con pequeños platos típicos de *izakaya* (*pub* restaurante japonés).

🍸 SUNSET BEACH BREWING COMPANY サンセットビーチブルーイングカンパニー
Cervecería

☎ 3599 6655; 5F, Decks Tokyo Beach, 1-6-1 Daiba, Minato-ku; ⏱ 11.00-23.00; 🚃 línea Yurikamome a Ōdaiba Kaihin-Kōen; ♿

Tras pasear por Odaiba, este es un buen lugar para relajarse y disfrutar de las vistas con una cerveza local. Sirve bufés para almuerzo y cena a precios razonables, pero la comida italiana de la casa no merece la pena.

 OCIO

CINES MEDIAGE
シネママディアージュ *Cine*
☎ 5531 7878; 1ª y 2ª plantas, Mediage, Aqua City, 1-7-1 Daiba, Minato-ku; entradas 1800/1500/1000 ¥, mujeres 1000 ¥ mi; ⏰ venta de entradas 11.00-23.00; 🚉 línea Yurikamome a Daiba; ♿
Este enorme multicine, ubicado dentro del centro comercial Aqua City, dispone de 3000 asientos y proyecta películas japonesas y extranjeras, muchas subtituladas y otras dobladas al japonés. Se puede consultar el *Japan Times* o *Metropolis* para ver la cartelera.

⭐ MUSCLE PARK
マッスルパーク
Parque de atracciones
☎ 6821 0091; www.musclepark.jp; 5F, Island Mall, Decks Tokyo Beach, 1-6-1 Daiba, Minato-ku; entrada 1000-3900/600-1000 ¥; ⏰ 11.00-21.00 do-vi, 11.00-22.00 sa; 🚉 línea Yurikamome a Ōdaiba Kaihin-Kōen; ♿
Una rareza en Tokio, donde la mayoría de entretenimientos de alta tecnología son sedentarios, este espacio de ocio incluye desafíos físicos y juegos de un programa de televisión. Hay un parque infantil.

⭐ ŌEDO ONSEN MONOGATARI 大江戸温泉物語
Aguas termales
☎ 5500 1126; www.ooedoonsen.jp; 2-57 Aomi, Kōtō-ku; entrada 2900/1600 ¥; ⏰ 11.00-9.00, última entrada 7.00; 🚉 línea Yurikamome a Telecom Center
Este *onsen* está ambientado como un pueblo del período Edo y su manantial de agua mineral brota a 1400 m de profundidad. Está muy bien diseñado y cuenta con restaurantes antiguos y tiendas de recuerdos. La entrada incluye el alquiler de *yukata* (quimono de algodón) y toallas. Las tarifas varían según la hora; consúltese la página web para mayor información.

⭐ TOKYO JOYPOLIS 東京ジョイポリス *Parque de atracciones*
☎ 5500 1801; 3ª-5ª plantas, Decks Tokyo Beach, 1-6-1 Daiba, Minato-ku; pasaporte 3500/3100 ¥, después 17.00 2500/2100 ¥; ⏰ 10.00-23.00; 🚉 línea Yurikamome a Odaiba Kaihin-Kōen; ♿
Es la propuesta de Sega para sobreestimular a niños y adultos con imposibles montañas rusas interiores, videojuegos y viajes por la realidad virtual.

Los tokiotas se levantan temprano y trabajan hasta tarde, siempre están en movimiento y conectados a sus *keitai* (teléfonos móviles). Como viven en espacios reducidos, el ocio tiene lugar fuera de casa y esa mezcla de actividades sociales y culturales, galerías y restaurantes es el entorno perfecto para una experiencia rica y variada.

RACHEL LEWIS / LONELY PLANET IMAGES ©

La tela y el diseño del quimono capturan la esencia de la primavera.

> ALOJAMIENTO

Alojarse en algún punto cercano a la línea de Yamanote (p. 196) proporciona un fácil acceso a prácticamente cualquier rincón de la ciudad. Si el alojamiento se halla en otra zona, seguro que existe alguna línea de metro que conecte rápidamente con cualquier lugar. Los hoteles del centro de Tokio se encuentran a poca distancia de los comercios de Ginza y de muchos restaurantes, mientras que en Shinjuku abundan los hoteles para viajes de negocio. Ebisu no cuenta con una gran oferta de alojamiento, pero sí con el JR y es una zona de la ciudad más tranquila y elegante. Quienes quieran salir de fiesta pueden dormir cerca de Roppongi para no tener que estar pendientes del horario de los últimos trenes. Además, a pesar de su fama de ciudad desorbitadamente cara, Tokio cuenta con ofertas asequibles que incluyen los hoteles cápsula, alojamientos impersonales pero a buen precio para viajes de negocios y excelentes *ryokan* (hostales japoneses).

Los *ryokan* de Tokio no encajan en la estricta definición tradicional y en la mayoría de los casos no incluyen comida en la tarifa e incluso es probable que el viajero tenga que llevar (o comprar) su propia toalla en los de precio más económico. La mayoría de ellos tienen suelos de tatami; conviene recordar que siempre hay que descalzarse al entrar en una habitación de este tipo. En un *ryokan* típico japonés es habitual que el servicio coloque un futón por la noche y lo retire por la mañana. En cambio, en uno de bajo coste tendrá que hacerlo el propio huésped o simplemente dejar el futón puesto todo el día. Se debe probar el *sentō* (baños públicos, véase p. 176) disponible en este tipo de alojamientos, ya que es una experiencia que muchos hoteles modernos no ofrecen. La mayoría de *ryokan* de Tokio se hallan en Asakusa y Ueno.

Los aficionados al *kitsch* japonés preferirán pasar la noche en los famosos hoteles del amor (p. 93), a los que se conoce también como *boutique* o *fashion hotels*. Los hay para todos los gustos, desde castillos góticos en miniatura hasta templos de Oriente Medio. Algunas habitaciones hasta incluyen grutas o columpios que cuelgan del techo. Estos hoteles se concentran en la colina de los hoteles del amor (p. 92).

Los viajeros solitarios pueden considerar la opción de registrarse en un invento japonés, los hoteles cápsula. Teniendo en cuenta su limitado espacio, estas cápsulas individuales no son tan baratas (4000 ¥ aprox.), pero resultan lo suficientemente amplias para relajarse y cada una cuenta con un TV de uso individual. Téngase en cuenta que el espacio para guardar el equipaje se limita a un casillero. Evidentemente, escasea el espacio personal, por lo que se recomienda llevar tapones para los oídos.

Para buscar y reservar alojamiento en Tokio, se puede consultar la página www.jpinn.com para *ryokan* y la recomendable www.japan hotelfinder.com.

LOS MEJORES 'RYOKAN'
> Ginza Yoshimizu (www.yoshimizu.com/en/ginza/index.html)
> Hōmeikan (www.homeikan.com)
> Kimi Ryokan (www.kimi-ryokan.jp)
> Sawanoya Ryokan (www.sawanoya.com)
> Sukeroku no Yado Sadachiyo (www.sadachiyo.co.jp)

HOTELES DE LUJO
> Conrad Hotel (www.conradtokyo.co.jp)
> ANA Intercontinental (www.anaintercontinental-tokyo.jp)
> Grand Hyatt (www.tokyo.grand.hyatt.com)
> Peninsula Tokyo (www.peninsula.com/Tokyo/en/default.aspx)
> Park Hyatt (www.tokyo.park.hyatt.com)

PARA EJECUTIVOS
> Tokyu Hotels (www.tokyuhotels.co.jp)
> Villa Fontaine (www.hvf.jp/eng)
> Ishin Hotels Group (www.ishinhotels)

WEBS DE HOTELES
> Tocoo! (www.tocoo.jp)
> Welcome Inn Reservation Center (www.itcj.jp/eng/tokyo_met)
> Sakura House (www.sakurahouse.com)
> Duplex (www.duplexcs.jp)

> 'ANIME' Y 'MANGA'

Akihabara es la meca del *manga,* tanto para japoneses como para visitantes, y se está convirtiendo en una atracción para quienes desean descubrir la distintiva subcultura *otaku* japonesa. La cadena Mandarake, cuya tienda principal se encuentra en el barrio de Nakano, dispone de una gran sucursal aquí, repleta de toda clase de *manga,* desde el infantil Doraemon (un gato-robot azul que viene del futuro) hasta *dōjinshi* (cómics independientes, con participación de los fans) o *hentai* (*manga* pornográfico), así como DVD, juegos y figuras.

Uno de los más ricos tesoros ocultos de la ciudad es la cadena de librerías Book Off, que compra y vende *manga* de segunda mano y cuenta con una selección de ediciones en rústica por 100 ¥ el ejemplar; se podría comprar la colección entera por el precio de una comida. También existe una floreciente cultura *otaku* femenina (véase recuadro en p. 135) y su propio paraíso *geek* en Ikebukuro, caldo de cultivo del género de *manga boys' love* (cómics de temática homosexual).

JOHN ASHBURNE / LONELY PLANET IMAGES ©

PARA CURIOSEAR
> Mandarake (p. 94)
> Tora-no-Ana (p. 58)

LOS MEJORES MUSEOS
> Museo Ghibli (p. 15)

LUGARES DE REUNIÓN 'OTAKU'
> Akihabara (p. 50)
> Otome Road (p. 135)

> ARQUITECTURA

Después del bombardeo sufrido durante la Segunda Guerra Mundial, Tokio resurgió de sus cenizas e inició una reconstrucción que duró décadas. Alrededor de 1950, la ciudad vivió un período de expansión en el que puso en marcha su sistema de transporte subterráneo. Además, al ser sede de los Juegos Olímpicos de verano en 1964, los edificios aparecieron como setas. Una de las estructuras construidas fue el Estadio Nacional Yoyogi, un armazón de curvas con una espectacular rampa en suspensión a modo de tejado. El estadio fue diseñado por Kenzō Tange, un arquitecto nacido en Osaka y profesor de la Universidad de Tokio que murió en el 2005. Durante su larga carrera, influenció en la reorganización del paisaje y sus diseños se yerguen por toda la ciudad.

En la vibrante arquitectura de Tokio la diversidad es la reina. Aunque no es la estrategia más apropiada, los edificios antiguos son demolidos para dejar paso a estructuras más grandes, más modernas y más innovadoras, que asombran e inspiran. Y, como el suelo es tan limitado en esta densísima megalópolis, el único crecimiento posible es hacia arriba.

MICHAEL TAYLOR / LONELY PLANET IMAGES ©

LOS MEJORES EJEMPLOS ARQUITECTÓNICOS
> Roppongi Hills (p. 72)
> Foro Internacional de Tokio (p. 51)
> Oficinas del Gobierno Metropolitano de Tokio (p. 121)
> Tokyo Sky Tree (p. 16)

LAS MEJORES IMITACIONES
> Estatua de la Libertad (p. 154; fotografía)
> Torre de Tokio (p. 72)

LO MÁS ELEGANTE Y FUNCIONAL
> BAPExclusive (p. 108)
> Prada Aoyama (p. 106)

PANORAMA

> GASTRONOMÍA

Los aficionados a la gastronomía no echarán en falta sabores nuevos en esta ciudad, donde trabajan reconocidos chefs de todo el mundo, equilibrando la presencia del *wasabi* y la salsa de soja con el vinagre balsámico y el aceite de oliva. Se puede probar comida tradicional en humildes tiendas de *ramen* o en los refinados salones cubiertos de tatami propios de los restaurantes de *kaiseki* (comida sofisticada con varios platos). Existe además una gran diversidad de cocina internacional, desde la sueca hasta la senegalesa. Por supuesto, también se pueden tomar platos sencillos como hamburguesas y pasta (habitualmente en su versión nipona) por toda la ciudad.

La comida japonesa incluye desde el pescado crudo del *sushi* y el *sashimi* hasta la crujiente costra de *panko* (miga de pan japonés) frito de una chuleta de cerdo *(tonkatsu)* en un lecho de col lombarda. La *tempura* y el *kushi katsu* (pinchitos de carne y verduras fritos) se suelen servir en platos pequeños a medida que se van cocinando y se consigue así que todo llegue a la mesa muy caliente. Si el clima resulta agobiantemente húmedo y lo último que apetecen son frituras, se puede imitar a los tokiotas y optar por tomar *unagi* (anguila a la parrilla) para reponer fuerzas. La *unagi* es especialmente sabrosa cuando se marina en soja dulce y se sirve en *bentō* (comida en caja) con arroz. Una opción todavía más fresca es el *soba* frío, fideos de trigo sarraceno que se mojan en caldo y se sor-

ANTHONY PLUMMER / LONELY PLANET IMAGES ©

ben ruidosamente. El *soba* también puede servirse caliente como el *udon* (fideos gruesos de trigo) y el *ramen*.

Los platos que se cocinan en la mesa, como el *sukiyaki* o el *shabu-shabu,* son muy divertidos. Las finísimas lonchas de carne y verduras se comparten de un cazo de cocción común. También se puede cocinar uno mismo el *okonomiyaki* o el *monjayaki* (tortitas de huevo batido llenas de coliflor, verduras, mariscos y carne) en su propia mesa.

Los intrépidos pueden atreverse con el *fugu* (pez globo), ese famoso pescado venenoso que debe ser preparado por expertos. Los restaurantes especializados en esta rareza culinaria suelen ofrecer cenas de varios platos que incluyen *sashimi* de *fugu*, *shabu-shabu* y *fugu* preparado de diferentes formas. El sabor y la textura de este pescado pueden no ser sorprendentes pero se disfrutan con mucha satisfacción por haber desafiado a la muerte en la mesa.

En general, la mayoría de los restaurantes ofrecen sabrosos *teishoku* (menús) a precios asequibles. Si se opta por un restaurante lujoso, se debe tener en cuenta que el almuerzo se ajustará más al presupuesto que la cena. Los menús del mediodía en las *resutoran-gai* (zonas de restaurantes) de los grandes almacenes también resultan económicos y de buena calidad. Se recomienda buscar establecimientos con modelos de comida de plástico y escoger tiendas especializadas. Y, si lo que se necesita es un tentempié, hay una tienda de *onigiri* (bolitas de arroz por 125 ¥ aprox.) y té helado en cada esquina.

COCINA JAPONESA
> Inakaya (p. 74)
> Kikunoi (p. 74)
> Ukai Tofu-ya (p. 76)
> Sushi Kanesaka (p. 61)
> Ninja Akasaka (p. 75)

COCINA DE FUSIÓN
> Beige (p. 58)
> Kaikaya (p. 97)

BOCADOS A BUEN PRECIO
> Omoide-yokochō (p. 126)
> Kiji (p. 60)
> Tsukiji Honten (p. 98)

CADENAS DE RESTAURANTES
> Ippūdō (p. 86; www.ippudo.com)
> Goemon (www.yomeya-goemon.com)
> Sukiya (www.sukiya.jp)
> Mos Burger (www.mos.co.jp)

PANORAMA

> GALERÍAS DE ARTE

La prosperidad y el dinamismo de la escena artística tokiota son evidentes en cualquier parte de la ciudad. No hay distrito comercial respetable sin unos grandes almacenes, que a su vez no serían merecedores de sus grandiosas fachadas si no soñasen con albergar una galería de arte en alguna de sus plantas superiores. Un buen lugar donde comenzar un recorrido por las salas de exposiciones es Ginza, donde se concentran muchas salas con clase. Para arte más experimental hay que dirigirse a Ura-Hara (p. 12), los callejones que están detrás de Omote-sandō, y luego continuar al oeste hacia Aoyama.

Históricamente, la división entre arte y artesanía en Japón resulta bastante borrosa, y esto se refleja en muchas obras que se encontrarán en las galerías de arte de Tokio. El diseño gráfico se halla por todas partes, pero las instalaciones, la escultura, los medios digitales, la pintura y la fotografía también cuentan con buenas representaciones (en ocasiones, de todas ellas a la vez).

JOHN ASHBURNE / LONELY PLANET IMAGES ©

DE TODO EN UN SOLO ESPACIO
> Design Festa Gallery (p. 107; fotografía))
> Centro de Artesanía Tradicional (p. 135)
> Museo Watari de Arte Contemporáneo (p. 107)

LAS ZONAS CON MÁS GALERÍAS
> Aoyama (p. 103)
> Ginza (p. 44)
> Marunouchi (p. 44)

> GAYS Y LESBIANAS

Tokio es una ciudad más tolerante que el resto de Asia en lo que se refiere a homosexualidad y formas de vida diferentes, siempre y cuando las muestras de afecto sean discretas. La escena internacional cuenta con una saludable vida nocturna, publicaciones y grupos de apoyo. Se dan curiosos fenómenos culturales como el teatro femenino de Takarazuka Gekijō (p. 65), que atrae a toda clase de amas de casa y a mujeres jóvenes enamoradas de los *drag-king*, o las *otome* (p. 85), versión femenina de los *otaku* (p. 123), que se caracterizan por su obsesión por los *manga de boys' love* (cómics sobre relaciones románticas entre hombres). Mientras que en el día a día la sociedad de Tokio no reconoce activamente a la población no hetero-sexual, su existencia está normalizada en una rica variedad de formas artísticas, como una especie de fantasía al margen de la vida cotidiana. Así que, aunque la sociedad trate de ignorarlo, lo cierto es que la escena GLBT (Gay, Lesbiana, Bisexual, Transexual) de Tokio está rebosante de vida.

Visítese www.fridae.com/cityguides/tokyo/tk-intro.php y www.utopia-asia.com/japntoky.htm. Se puede buscar la última edición de *Tokyo Journal* (p. 171) para consultar la cartelera de eventos y locales de ambiente.

LOS MEJORES BARES
> Advocates Bar (p. 127)
> Arty Farty (p. 127)
> Chestnut & Squirrel (p. 98)

LOS EVENTOS MÁS IMPORTANTES
> Desfile del Orgullo Gay (p. 33; fotografía)
> Tokyo International Lesbian & Gay Film Festival (p. 32)

HARUYOSHI YAMAGUCHI / CORBIS

> CON NIÑOS

Tokio es un lugar adecuado para los niños, un paraíso de lugares llamativos donde los pequeños visitantes se podrán distraer con los juguetes, artilugios electrónicos, servicios públicos de alta tecnología y ruidosos juegos *pachinko*. También captarán su interés otras cosas más sencillas, como los *fugu* (pez globo venenoso) que nadan en los acuarios de los restaurantes o las luces de neón de Shinjuku y Shibuya. Los fines de semana en los parques se celebran curiosos eventos culturales para niños y adultos, como los bailarines *rockabilly* del parque Yoyogi (p. 107) o los *cosplay-zoku* de Takeshita-dori, y los domingos, el Tokyo Dome (p. 28). La ciudad también cuenta con muchas zonas de juegos infantiles al aire libre, lo que se une a los parques de atracciones, museos divertidos y tentadoras tiendas de juguetes de esta capital mundial de cositas *kawaii* (monas). El Museo Ghibli (p. 91) es imprescindible; se debe pedir cita con mucha antelación.

Los restaurantes suelen ofrecer un menú para niños y los que no quieran probar el *sashimi* se deleitarán con tiernas y crujientes *tonkatsu* (chuletas de cerdo fritas) o *yakitori* (pinchito de pollo a la parrilla) con fideos. Si se está desesperado, se puede acudir a tiendas de alimentación y cadenas de comida rápida con las socorridas *pizzas* y hamburguesas.

LOS MEJORES SITIOS PARA LOS MÁS PEQUEÑOS

> Muscle Park (p. 159)
> Namco Namjatown (p. 137)
> Barcas a pedales (p. 138)
> Tokyo Disneyland (p. 52)
> Tokyo Joypolis (p. 159)
> Tokyo Metropolitan Children's Hall (p. 101)

LOS MEJORES MUSEOS INTERACTIVOS PARA NIÑOS

> Museo de Ciencias Marítimas (p. 156)
> Museo Nacional de Ciencias Emergentes e Innovación (p. 156)
> Museo Nacional de Ciencia (p. 140)
> Museo Shitamachi (p. 140)
> Taikokan (p. 149)

LUGARES PARA IR DE COMPRAS CON NIÑOS

> Hakuhinkan Toy Park (p. 54)
> Kiddyland (p. 110)
> Tōkyū Hands (p. 124)
> Loft (p. 94)

PARA VER ANIMALES (VIVOS Y MUERTOS)

> Museo Parasitológico de Meguro (p. 84)
> Acuario Internacional Sunshine (p. 134)
> Lonja de Tsukiji (p. 51)
> Zoo de Ueno (p. 143)

> # > MÚSICA EN DIRECTO

Sea cual sea su género preferido (*jazz*, Motown, *punk*, música clásica, *reggaeton* o *hip-hop*), el viajero se encontrará en su salsa. Grandes artistas internacionales de la talla de U2 actúan a menudo en la ciudad, así como músicos reconocidos en el ámbito nacional, como Hikaru Utada o el instrumentista de *jazz* P'ez. Los locales más pequeños optan por grupos más *underground,* a los que suele ser difícil ver con tanta intimidad en otros países. Consúltese *Metropolis* (www.metropolis.co.jp) o *Tokyo Journal* (http://tokyo.to) para ver la cartelera.

Aunque existen salas de conciertos por toda la ciudad, las mejores se hallan en los barrios más de moda, como Shibuya, Ebisu y Roppongi. Las actuaciones suelen ser temprano, para que los asistentes puedan tomar el tren antes de medianoche. Se recomienda comprar las entradas anticipadas en el propio local o a través de **Ticket Pia** (☎ 0570-029 999; http://t. pia.co.jp) con ayuda de alguien que sepa japonés.

ANTHONY PLUMMER / LONELY PLANET IMAGES ©

SALAS DE CONCIERTOS
> Club Quattro (p. 99)
> Liquid Room (p. 88)
> Loft (p. 129)
> Shibuya O-West (p. 101)
> Abbey Road (p. 78)

LOCALES DE 'JAZZ'
> Blue Note (p. 78)
> JZ Brat (p. 100)
> Shinjuku Pit Inn (p. 130)
> STB 139 (p. 80)

TRIBUTOS A LOS BEATLES
> Abbey Road (p. 78)
> Cavern Club (p. 79)

> MERCADOS

Los mercados callejeros no tienen la misma presencia en el paisaje urbano de Tokio que en otras ciudades, ya que el elevado precio del suelo hace que resulten demasiado caros. Dicho esto, uno de los mayores atractivos de Tokio es el mercado de Tsukiji, por el que pasan más de dos mil toneladas de marisco cada día. Está previsto su traslado en el año 2012, así que mientras siga aquí nadie debe perdérselo. El anteproyecto del nuevo mercado dibuja un espacio más grande y moderno que no será tan accesible para los visitantes como el actual.

Algunos domingos los recintos abiertos de algunos templos se convierten en plazas comerciales. No es muy probable dar con una antigüedad valiosa en estos rastrillos, pero sí con bonitos quimonos *vintage,* objetos de carpintería metálica, piezas lacadas e interesantes curiosidades. La mayor parte de los mercados cierran a las 15.00. También se encuentra al aire libre la original galería comercial Ameyoko, en Ueno, donde se puede pasear entre puestos de calamares secos y zapatillas deportivas rebajadas. Y, por supuesto, no hay que dejar de visitar los impresionantes *depachika,* la versión tokiota del mercado tradicional.

RACHEL LEWIS / LONELY PLANET IMAGES ©

LOS MEJORES 'DEPACHIKA'
> Takashimaya (p. 56)
> Mitsukoshi (p. 56)
> Matsuya (p. 55)

LOS MEJORES MERCADOS
> Galería comercial Ameyoko (p. 143; fotografía)
> Mercado de Tsukiji (p. 51)

PANORAMA

> MUSEOS

Tokio ofrece infinitas posibilidades para los amantes de los museos. No todo son museos de arte que exhiben piezas arqueológicas de hace dos mil años y obras contemporáneas, también existen espacios minúsculos que exponen botones o *byōbu* (biombos). Algunos de los mejores museos de Tokio solo cuentan con unos pocos años de vida, como el polifacético Museo Edo-Tokio (p. 17) o el altísimo Museo de Arte Mori (p. 67) de Roppongi Hills.

Si se planea una estancia larga o se quieren visitar varios museos, debería considerarse la adquisición del pase Grutt (p. 143), con el que se ahorrará una buena cantidad de dinero.

NOBORU KOMINE / LONELY PLANET IMAGES ©

LOS MEJORES MUSEOS
> Museo Edo-Tokio (p. 17)
> Museo Nacional de Arte Moderno (p. 50)
> Museo de Arte Conmemorativo Ōta (p. 103)
> Museo Metropolitano de Fotografía de Tokio (p. 84)
> Museo Nacional de Tokio (p. 141)

LAS EXPOSICIONES MÁS EXTRAVAGANTES
> Museo de la Cerveza Yebisu (p. 85; foto)

> Museo de la Cometa (p. 48)
> Museo Parasitológico de Meguro (p. 84)

PARA VER ARTE CONTEMPORÁNEO
> Museo de Arte Contemporáneo Hara (p. 92)
> Museo de Arte Mori (p. 67)
> Centro Nacional de Arte de Tokio (p. 70)
> Museo Watari de Arte Contemporáneo (p. 107)

> VIDA NOCTURNA

La próspera vida nocturna de Tokio queda reflejada en la abundancia de bares, locales de karaoke, discotecas e *izakaya* (restaurantes tipo *pub*) en cada rincón de la ciudad. Puestos a elegir, algunos barrios son mejores que otros. Roppongi ha sido históricamente el centro de la vida nocturna, donde los extranjeros recién llegados conviven con tokiotas marchosos en busca de acción. Además, la diversidad de bares y discotecas ubicados en esta zona lo convierten en el lugar más concurrido cuando se trata de ir de fiesta. Aun así, el último grito en vida nocturna es la colina de los hoteles del amor, en Dōgenzaka, Shibuya, repleta de clubes, enormes salas de conciertos, bares e *izakaya*. Estos lugares atraen a veinteañeros y la música suele ser comercial (*hip-hop*, pop japonés y lo que esté de moda). Para los que tienen algún año más y se inclinan por la música *indie*, existen buenas opciones en Ebisu y Daikanyama. El este de Shinjuku es probablemente la zona menos pretenciosa.

La entrada a los clubes suele costar entre 1500 y 3000 ¥, normalmente con una consumición o dos incluidas. Puede resultar más cara el fin de semana que el resto de los días, en algunos sitios cuentan con diferentes tarifas para hombres y mujeres, y otros realizan descuento si se lleva un folleto (disponibles en sus páginas web o en las tiendas de discos de Shibuya). Se recomienda llevar un documento de identidad con foto.

BARES CON VISTAS
> Asahi Sky Room (p. 152)
> Mado Lounge (p. 77)
> New York Bar (p. 129)

CLUBES SIN PRETENSIONES
> Club 328 (p. 79)
> Muse (p. 80)
> New Lex-Edo (p. 80)
> Unit (p. 88)

LOCALES PARA MIRAR Y RELAJARSE
> Aux Amis des Vins (p. 62)
> Den Aquaroom (p. 116)
> Maduro (p. 78)

UN SAKE EN LOS 'IZAKAYA'
> Sakana-tei (p. 97)
> Sasashū (p. 137)

> PARQUES Y JARDINES

Los apartamentos de Tokio no cuentan con lujosos jardines, pero los lugareños disponen de varias hectáreas de terreno en los grandes parques de la ciudad. Todos son de entrada gratuita, a excepción de Shinjuku-gyoen, y ofrecen un respiro frente al ritmo urbano. Los días laborables se disfrutará de una experiencia relajante, pero el fin de semana resultan más divertidos, porque familias y parejas salen a pasear u organizan comidas campestres.

Durante la temporada de *hanami* (contemplación de los cerezos en flor; véase también p. 31) se extienden lonas azules en la hierba y corre el sake en ceremonias que llenan parques como Shinjuku-gyoen y Ueno-kōen. Entre mediados de octubre y principios de noviembre, el *kōyō* (cambio de tonalidad de las hojas en otoño) trae su espectacular paleta a los parques, incluidos Yoyogi-kōen (p. 107) y Koishikawa-Kōrakuen (p. 49).

Además, los extraordinarios jardines de la ciudad son ideales para refugiarse del ruido y el tráfico, aunque suelen cobrar una pequeña entrada. Entre semana es probable que se pueda disfrutar a solas de los estanques de carpas y los numerosos caminos.

GREG ELMS / LONELY PLANET IMAGES ©

LOS MEJORES PARQUES
> Shinjuku-gyoen (p. 121)
> Ueno-kōen (p. 22)
> Yoyogi-kōen (p. 107)

LOS JARDINES MÁS BONITOS
> Dembō-in (p. 148)
> Hama-rikyū-teien (p. 48)
> Jardín oriental del Palacio Imperial (p. 48; fotografía)
> Meiji-jingū-gyoen (p. 103)
> Instituto Nacional para el Estudio de la Naturaleza (p. 84)

PARA VER EL 'HANAMI'
> Hama-rikyū-teien (p. 48)
> Shinjuku-gyoen (p. 121)
> Ueno-kōen (p. 22)

> 'SENTŌ' Y 'ONSEN'

Tanto para cotillear como por higiene, los *sentō* (baños públicos) y los *onsen* (aguas termales) son puntos clave para fortalecer los lazos sociales en Japón. Aunque las viviendas modernas disponen de cuartos de baño, muchos tokiotas se bañan regularmente en el *sentō* y suelen acudir con amigos o familiares. Además, el gobierno metropolitano subvenciona generosamente los *sentō* y *onsen* de la ciudad, haciéndolos asequibles para todo el mundo (entrada 500 ¥ aprox.).

En Tokio, donde ambos tipos de establecimientos conviven en modernos edificios, la diferencia entre *sentō* y *onsen* puede ser confusa. La distinción esencial es que en el *sentō* pueden calentar el agua de los grifos, pero el agua de un *onsen* debe provenir de un manantial. La idea de la existencia de fuentes burbujeantes naturales en esta jungla urbana pavimentada puede parecer increíble, pero las corrientes que pasan por debajo de la bahía de Tokio realmente abastecen a los *onsen* con agua oscura y rica en minerales.

Bañarse en grupo en los baños tradicionales japoneses diluye el estrés de las calles y supone una experiencia trascendental incluso si el entorno no es una cascada que brota de la montaña. Allí se encontrarán personas de todas las edades y clases sociales y se podrá vislumbrar la cultura tradicional. Para más información, véase p. 131.

ANTHONY PLUMMER / LONELY PLANET IMAGES ©

EL 'ONSEN' MÁS 'KITSCH'
> Ōedo Onsen Monogatari (p. 159; fotografía)

LOS MEJORES 'ONSEN' TRADICIONALES DE BARRIO
> Jakotsu-yu (p. 153)
> Asakusa Kannon Onsen (p. 152)

> SANTUARIOS Y TEMPLOS

Las dos mayores religiones de Japón, el sintoísmo y el budismo, han coexistido y se han influenciado mutuamente. La tradición animista del sintoísmo, que cree que el mundo está habitado por *kami* (dioses o espíritus), es la religión nativa de Japón. El budismo y su creencia en la reencarnación se importaron de la India a través de China y Corea.

La mayoría de los tokiotas no se consideran religiosos practicantes ni participan en ceremonias religiosas, salvo en acontecimientos puntuales como nacimientos, bodas o defunciones. Aunque el sintoísmo no juega un rol evidente en la vida de las personas, sus principios han calado tan hondo en la cultura que son inseparables de las actividades cuotidianas. Por ejemplo, el ritual *shintō* de la purificación no se limita a enjuagar la boca y las manos en la entrada de los templos, sino que lleva a la perdurable tradición del baño ritual en el *sentō*.

Los templos *shintō* honran a los *kami*, que también habitan en fenómenos naturales como cascadas y montañas. El sintoísmo considera que cuando una persona muere, se convierte en *kami*, mientras que el budismo incide en las costumbres funerarias (por eso solo se ven cementerios en los templos budistas). Los santuarios *shintō* varían en tamaño, desde los minúsculos *inari* (dios zorro) que ocupan pequeños espacios entre edificios, hasta el grandioso Meiji-jingū (p. 103), y se hallan por toda la ciudad. Los templos budistas también se encuentran en cada barrio y forman parte integral de la comunidad.

ANTHONY PLUMMER / LONELY PLANET IMAGES ©

LOS MEJORES SANTUARIOS

> Asakusa-jinja (p. 148)
> Chingodō-ji (p. 148)
> Hie-jinja (p. 67)
> Tōshōgū (p. 141)
> Yasukuni-jinja (p. 52)

LOS MEJORES TEMPLOS

> Benten-dō (p. 140)
> Kiyomizu Kannon-dō (p. 140)
> Meiji-jingū (p. 103; fotografía)
> Sensō-ji (p. 149)

PANORAMA

> COMPRAS

Para salir de compras por esta ciudad hay que estar preparado, ya que es la actividad recreativa por excelencia. Resulta al mismo tiempo una terapia, una inversión y una manera de hacer vida social y presumir de estatus. Y también tiene parte de ritual; por ejemplo, el día de San Valentín las mujeres deben regalar bombones *giri* ("por obligación") a todos los hombres de sus vidas, sin que suponga una muestra de amor. Ir de tiendas forma parte del estilo de vida de Tokio y hacer regalos es una tradición que se ha convertido en arte. Además, no hace falta mucho dinero para adquirir pequeños obsequios como los delicados *washi* (papel artesanal), utensilios de cocina y artículos de papelería en tiendas de todo a 100 ¥ o juguetitos japoneses.

Generalmente, las tiendas abren todos los días y cierran un lunes o miércoles de cada mes. Japón es probablemente el único país de Asia donde no se regatea, a menos que se esté en un mercadillo (p. 172). Aunque actualmente se aceptan tarjetas de crédito en muchas tiendas, es mejor llevar algo de efectivo. En los artículos de lujo como la electrónica, el viajero puede solicitar que se le descuente el 5% del IVA, pero se debe llevar el pasaporte para disfrutar de esta ventaja.

GREG ELMS / LONELY PLANET IMAGES ©

Los distritos comerciales de categoría como Ginza (p. 52) y Aoyama (p. 108) son buenos lugares para buscar artículos de lujo en tiendas de renombre internacional como Chanel, Gucci o Mikimoto Pearl. Si la estancia es corta hay que dirigirse primero a Aoyama, con establecimientos japoneses e internacionales ubicados a lo largo de Omote-sandō. Además, las calles de Harajuku (p. 108) adyacentes a Aoyama combinan alta costura y moda urbana. Takeshita-dōri es el mejor lugar donde sumergirse para explorar la cultura pop adolescente. Por otra parte, Ginza cuenta con los grandes almacenes más antiguos, algunos de los cuales tienen terrazas con jardines y restaurantes arriba y *depachika* (p. 57) abajo.

Otros distritos comerciales cerca del centro de Tokio incluyen Jimbōchō, donde las librerías comercian con libros antiguos, de segunda mano y *manga*. Pero el mejor lugar para comprar *manga* se encuentra más al este, en Akihabara, antes conocido por sus artículos electrónicos con descuento.

Entre las extensas galerías comerciales, en las que cabrían varios pueblos del sureste asiático, destacan la antigua Sunshine City (p. 136) en Ikebukuro y la más nueva Roppongi Hills (p. 144). También pueden vivirse experiencias comerciales más íntimas y personales en Daikanyama (p. 185) o Kichijōji (p. 122), donde se hallan tiendas más pequeñas con sus propios estilos y sensibilidades.

Es casi obligatorio asomarse a Tōkyū Hands (p. 124), que ofrece artilugios cautivadores. Ir de compras es indispensable para captar parte de la cultura de esta sociedad.

RECUERDOS EXCLUSIVOS
> Don Quijote (p. 123)
> Kiddyland (p. 110)
> Museo de la Cometa (p. 48)
> Museo Parasitológico de Meguro (p. 84)
> Tōkyū Hands (p. 124)

LA MEJOR ARTESANÍA TRADICIONAL
> Hashi Ginza Natsuno (p. 54)
> Centro de Artesanía Tradicional de Japón (p. 135)
> Kamawanu (p. 86)
> Takumi Handicrafts (p. 57)

EL MEJOR 'WASHI'
> Haibara (p. 54)
> Itōya (p. 54)
> Sekaido (p. 124)

> ESPECTÁCULOS DEPORTIVOS

El deporte más popular de Japón es el béisbol, y la zona de Tokio es sede de seis de los 12 equipos profesionales del país. El más popular, los Yomiuri Giants, tiene su sede en el Tokyo Dome (también conocido como Big Egg, "gran huevo"). Este estadio es probablemente el mejor sitio para presenciar un partido, donde miles de aficionados vestidos con *happi* (chaqueta corta) animan con cantos sincronizados. Camareras con barriles a sus espaldas caminan por los pasillos sirviendo cerveza a los clientes mientras pequeños dirigibles flotan por el techo filmando la acción. Con buen tiempo, es también agradable asistir a un partido al aire libre en el estadio Jingū, hogar de los Yakult Swallows. La temporada de béisbol comienza a finales de marzo o principios de abril y termina en octubre.

Además de los dos grandes, béisbol y sumo (p. 10), tienen lugar eventos de artes marciales y deportes menos multitudinarios todo el año. En **Metropolis** (www.metropolis.co.jp) se puede encontrar información detallada.

LOU JONES / LONELY PLANET IMAGES ©

LOS MEJORES ESTADIOS DE BÉISBOL
> Tokyo Dome (p. 28)
> Estadio Jingū (p. 116)

EL MEJOR ESTADIO PARA VER LA J-LEAGUE DE FÚTBOL
> Estadio Nacional (p. 116)

EL MEJOR (Y ÚNICO) LUGAR PARA VER SUMO
> Ryōgoku Kokugikan (p. 64)

>TRASFONDO

Hora punta en la estación de Ueno.

TRASFONDO
HISTORIA
LOS PRIMEROS AÑOS

A mediados del s. xv, un poeta llamado Dōkan Ōta construyó el primer castillo de Edo sobre una antigua fortaleza. Cuando los comerciantes portugueses vieron Edo por primera vez, en el s. xvi, era poco más que un puesto de avanzada para monjes y aristócratas exiliados. Pero en trescientos años la ciudad desbancó a Kioto como el asentamiento tradicional del poder del Imperio. Así nacería Tokio.

TOKUGAWA EDO

El padre de este advenedizo niño fue el ambicioso sogún Leyasu Tokugawa. Su nombramiento por el emperador en 1603 resultó crucial para cambiar el destino de Tokio (y de Japón) para siempre.

Tokugawa, un auténtico animal político, sabía aplicar el "divide y vencerás" a sus adversarios. En un golpe maestro, forzó a todos los daimios (señores feudales) de Japón a pasar en Edo al menos un año de cada dos, una política de dispersión que dificultó que los ambiciosos daimios usurparan las tierras de Tokugawa. Además, creó una rígida sociedad jerárquica, que se organizaba en orden descendente: nobleza; daimios y sus samuráis; granjeros; y, finalmente, artesanos y comerciantes. Cada clase vestía de forma diferente y se controlaba la distribución de los barrios e, incluso, la forma de hablar. Estaba prohibido ascender en la escala, aunque siempre se podía descender a los estratos más bajos, los *hinin* (ni siquiera considerados personas) y los *eta* (los intocables).

AISLAMIENTO

Después de la muerte de Leyasu Tokugawa en 1616, su nieto Lemitsu Tokugawa, temeroso del poder cristiano, acabó cerrando las fronteras del país en 1638. Japón fue excluido de la escena mundial durante casi trescientos años.

A comienzos del s. xvii, Edo (con más de un millón de habitantes) era la ciudad más grande de la tierra. Su sociedad se dividía en la ciudad alta de los daimios (Yamanote) y la ciudad de la clase obrera (Shitamachi). Los barrios de chabolas eran arrasados a menudo por incendios, que los lugareños bautizaron como *"Edo-no-hana"* (flores de Edo). La chulería que destila esta expresión refleja el espíritu propio de Shitamachi, que aún perdura en las calles de Ueno y Asakusa.

EL RENACER DE TOKIO

La armada de "naves negras" del comodoro estadounidense Matthew Perry entró en la bahía de Edo en 1953, exigiendo ejercer el libre comercio. A pesar de la resistencia presentada por 2000 partidarios de Tokugawa en la breve batalla de Ueno, el sogunato se desmembró.

La llamada Restauración Meiji se refiere al consecuente regreso del emperador al poder, aunque su reinado fue más una revolución que una restauración. Comenzó un período intensivo de industrialización y militarización y, en 1889, Japón ya había adoptado una Constitución de estilo occidental y un estilo arquitectónico igualmente occidentalizado.

En ningún lugar un cambio revolucionario fue más evidente que en las calles de la nueva capital. Llegaron trabajadores de todo el país y Tokio prosperó.

CATÁSTROFE Y GUERRA

El gran terremoto de Kantō golpeó la ciudad naciente el mediodía del 1 de septiembre de 1923. Los consiguientes incendios que duraron 40 horas dejaron la ciudad en ruinas. Aunque 142 000 personas perdieron la vida, lo peor estaba por llegar.

Con la ascensión del emperador Hirohito al poder en 1926, el fervor nacionalista cegó al Gobierno. En 1931 la Armada japonesa invadió Manchuria y después China. En 1940 se selló un pacto con la Alemania de Hitler y la Italia de Mussolini, y se intentó vender la llamada Gran esfera de coprosperidad de Asia como un nuevo orden. El 7 de diciembre de 1941, los japoneses atacaron Pearl Harbor.

La Segunda Guerra Mundial resultó catastrófica para Tokio. Los bombardeos comenzaron en marzo de 1944 y, al año siguiente, el 40% de la ciudad fue devorada por el fuego y murieron entre 70 000 y 80 000 personas. Cuando el emperador Hirohito dirigió su famoso discurso a los japoneses el 15 de agosto de 1945, gran parte de Tokio era ya un páramo.

EXPLOSIÓN DE LA BURBUJA

Tokio resurgió de las cenizas de la Segunda Guerra Mundial y la economía japonesa floreció como casi ninguna otra en la historia (irónicamente, impulsada por la participación de EE UU en la guerra de Corea). Las décadas de 1960, 1970 y los primeros años ochenta se definieron por un crecimiento sin precedentes y Japón se convirtió en una potencia increíblemente rica y poderosa.

Y entonces, de repente, dejó de serlo. La economía nipona era como una enorme burbuja apoyada sobre la buena marcha de la tecnología y las exportaciones automovilísticas, y los inversores financiaban todo tipo de proyectos, pensando que el mercado de valores y el mercado inmobiliario continuarían creciendo. Pero la situación era insostenible y el estallido de la burbuja hundió a Japón en una recesión de la que todavía se está recuperando.

Sin embargo, la economía no es lo único que se ha resquebrajado en Japón en los últimos años. El terremoto de Kōbe en enero de 1995 sacudió la ciudad y también la confianza de la nación en la habilidad del Gobierno para responder rápida y eficazmente a un desastre de semejante magnitud. En marzo de 1995, miembros del culto Aum Shinrikyō realizaron un ataque con gas sarín en un tren abarrotado de Tokio. Mataron a 12 personas, hubo unos cinco mil damnificados y se dañó aún más la fe de los japoneses en su país.

TOKIO HOY

A pesar de su resistente espíritu emprendedor y de su ansia constante por todo lo nuevo, Tokio ya no lidera –muy a su pesar– el panteón de metrópolis asiáticas punteras. El terremoto del norte de Honshū del 2011 sacudió la confianza de la capital y aunque el número de visitantes ha descendido desde entonces, Tokio seguirá reinventándose a sí misma hasta volver a situarse en cabeza.

LA VIDA EN TOKIO

La vida de los ciudadanos japoneses de clase media se basa en una red de obligaciones con la familia, los colegas, el vecino, los ancestros… La lista es interminable. Aquellos individuos que no pueden soportarlo huyen a Tokio. El anonimato de esta metrópoli se ha convertido en un imán para inadaptados, rebeldes, artistas y todos los que no encajan (y son excluidos automáticamente) en la sociedad japonesa. Por eso es, en muchos aspectos, la ciudad más liberal del país. La gente apenas conoce, ni se preocupa por conocer, a sus vecinos.

Con la desintegración de la familia y la apatía en el plano económico, las cosas están cambiando. La brecha generacional entre los padres convencionales, sacrificados y trabajadores, y sus hijos con *piercings*, que buscan empleos a tiempo parcial, nunca fue mayor. Los jóvenes que nacieron después de la época de la burbuja no están tan acostumbrados a las obligaciones, se abren a la creatividad y la experimentación y son capaces, por ejemplo, de recuperarse con cierta naturalidad después de perder un trabajo. Las costumbres se modifican lentamente en todo el país, pero la evolución se hace más evidente en Tokio.

PROTOCOLO

Teniendo en cuenta las particularidades de Tokio, en esta ciudad resulta difícil ofender a alguien con el comportamiento. Es más, los lugareños son bastante indulgentes con las pequeñas faltas de los visitantes. Sin embargo, algunas normas de etiqueta deben respetarse. Al entrar en una casa o cualquier habitación con tatami, se deben quitar los zapatos (ante la duda, hay que imitar a los demás). Se considera de mala educación sonarse la nariz en público; es mejor aguantar de forma estoica (aunque sea ruidosa) hasta que se encuentre un lugar privado. Además, excepto el helado, no se debe comer mientras se camina por la calle.

Para quienes van a Tokio por negocios, las *meishi* (tarjetas de visita) tienen una carga social importante y se intercambian como un ritual. Hay que aceptarlas (u ofrecerlas) educadamente con ambas manos y examinarlas atentamente antes de guardarlas, y jamás se debe escribir sobre las recibidas.

Cuando se va como invitado a la casa de alguien, se debe llevar un pequeño regalo bien presentado (una buena excusa para observar los elaborados envoltorios). Se ofrece el regalo con ambas manos y una ligera reverencia, se espera a que lo rechacen educadamente un par de veces y se insiste hasta que lo acepten.

GOBIERNO Y POLÍTICA

EL TRONO DEL CRISANTEMO

En septiembre del 2006, la princesa Kiko (esposa del príncipe Akishino, segundo en la línea del trono después del príncipe Naruhito) dio a luz a Hisahito, el primer heredero al trono japonés en más de cuarenta años, y las cadenas de televisión tomaron las calles para conocer la reacción de los ciudadanos. Aunque el emperador Akihito y la princesa Michiko solo son figuras decorativas, la familia imperial es muy reverenciada y respetada en Japón. Esta ráfaga de felicidad coincidió además con la repentina (aunque esperada) disminución de la desconfianza propia de los años anteriores.

Últimamente se ha ido generando un intenso debate sobre la posibilidad de cambiar la Constitución y permitir a una mujer acceder al conocido como Trono del Crisantemo. El príncipe heredero Naruhito y la princesa heredera Masako solo tienen una hija y, aunque algunas encuestas recientes muestran que el 76% de la población apoya la idea de una heredera, los elementos más conservadores dentro de la familia imperial y la Dieta se oponen firmemente basándose en la tradición. El futuro de la princesa Aiko continúa siendo incierto, ya que los tiempos cambian pero las restricciones tradicionales se mantienen. Por el momento, el nacimiento del príncipe Hisahito ha rebajado la urgencia.

LA DIETA GOBERNANTE

El órgano de gobierno japonés, la Dieta, tiene su sede en la capital y está compuesto por dos cámaras. El partido que controla la mayoría de los escaños en la Dieta es el partido que gobierna y tiene derecho a designar al primer ministro. Desde su formación en 1955, el Partido Liberal Democrático (PLD), que en realidad corresponde a la facción conservadora, ha controlado la Dieta, exceptuando algunos años a mediados de los años noventa.

En teoría, Japón es una democracia representativa con los miembros de la Dieta elegidos por sufragio. Pero, en la práctica, el poder es ostentado por poderosas camarillas políticas descendientes de la élite de la nación, que están aliadas con los *keiretsu* (las grandes sociedades empresariales). Hasta hace poco, esto parecía no molestar demasiado a los votantes japoneses, pero la recesión económica y las reformas estructurales realizadas por el ex primer ministro, Junichirō Koizumi, crearon tensiones en la población.

Desde la dimisión de Koizumi en el 2006, el despacho del primer ministro parece tener puerta giratoria, pues le sucedió un año en el cargo Shinzo Abe y al siguiente, Yasuo Fukuda. En otoño del 2008, Taro Aso fue designado por el PLD pero perdió la confianza de la nación con errores como leer mal los *kanjis* durante un discurso o comentarios poco acertados que ofendieron a la población de más edad. Con el triunfo del socialdemócrata Yukio Hatoyama en las elecciones de agosto del 2009 se puso fin a 60 años de gobiernos conservadores.

ECONOMÍA

Con el segundo PIB más alto del mundo, la economía de Japón sigue de cerca a la de EE UU, aunque esto no implica que las últimas dos décadas hayan sido un camino de rosas. El país todavía está resentido, aunque ya no se tambalea por los efectos del estallido de la burbuja económica en los años ochenta. En Asia, el colapso financiero, la inútil respuesta de los

---

NUEVOS TÉRMINOS

A los japoneses les encanta incorporar palabras extranjeras en su vocabulario. Los siguientes son algunos ejemplos de jerga laboral:

> *Salarymen:* hombres vestidos con trajes de colores oscuros, a menudo con una actitud a juego con la ropa que llevan y que después de trabajar hasta tarde, y con tal de mantener las apariencias, pueden ser vistos riendo y aplaudiendo en su *izakaya* favorito mientras beben con sus colegas.

> *Ols:* abreviatura de *office ladies,* mujeres que desempeñan el mismo trabajo que los *salarymen* pero cobran menos. También puede referirse a secretarias que esperan el momento oportuno para casarse con un *salaryman,* dejar el trabajo y dedicarse a ir de compras. Se las suele ver en grupos, vestidas con trajes corporativos de falda y chaqueta.

> *Freeters:* término que mezcla *freelance* y *arbeiter* ("trabajador", en alemán). Son jóvenes que reparten publicidad por la calle o atienden en la caja de los supermercados. Trabajan solo cuando lo necesitan y lo dejan cuando ya no les hace falta.

---

gobiernos nacionales y la dura competencia con EE UU fueron factores clave de la recesión resultante, que duró hasta la década de 1990 e, incluso, principios de la del 2000.

La depresión económica hizo que la gente de negocios reconsiderase la carrera profesional como una especie de juramento de lealtad a la empresa. El concepto de trabajo para toda la vida ya no se da por sentado, ni es la aspiración principal de las generaciones jóvenes. Aumentan los empleos a tiempo parcial o informales, con gente joven que trabaja para subsistir y disfruta la vida de otra forma. A veces se tacha de parásitos a los hijos solteros que viven con los padres y se les acusa de ralentizar la economía al no adquirir propiedades. Sin embargo, lo cierto es que el desempleo se ha mantenido en un respetable 4,5% durante el 2011, según las cifras oficiales.

En lo que concierne a los visitantes, este estancamiento de la economía japonesa se traduce en que consiguen un poco más por los mismos yenes.

MEDIO AMBIENTE

A nivel geográfico, Japón forma parte del "anillo de fuego" del Pacífico, cuya actividad tectónica originó la majestuosa forma cónica del monte Fuji y sacudió el norte de Japón en marzo del 2011. Aunque suelen producirse ligeros temblores a menudo, resulta muy complicado predecir

ACERCA DE LAS BOLSAS

Si se pide que la compra no sea embolsada pueden surgir caras de sorpresa, pero la preocupación por el medio ambiente está llegando a Tokio. La tradición de envolver cada compra es un arte que raya en la obsesión en el país, donde hasta el artículo más humilde (un pastelito, por ejemplo) se cubre con plástico, después se envuelve en papel y finalmente se coloca con toda la ceremonia en una bolsa con asas (identificada oportunamente con un logotipo, si se trata de un artículo de lujo).

La plaga puede controlarse con una simple frase: *"Fukuro wa iranai desut"* ("no necesito una bolsa").

uno grande. No tiene sentido obsesionarse, pero se recomienda prestar atención a las salidas de emergencia.

A nivel más humano, el limitado suelo de Japón y su densidad de población crean un gran problema ambiental. El servicio de recogida de basuras tiene una normativa estricta que exige la separación de residuos entre los que se pueden incinerar, los que no y los reciclables. Si no están correctamente organizados, no se recogen. Aún se utiliza demasiado el plástico para envasar, pero se puede contribuir evitando las bolsas (véase recuadro arriba).

Máquinas de venta automática, tiendas de comestibles y algunas estaciones de tren cuentan con recipientes bien indicados para los desperdicios, pero, en general, papeleras y contenedores escasean.

ARTE
CINE

Akira Kurosawa, el director más famoso de la era de oro del cine nipón, puso las películas japonesas en el punto de mira cuando *Rashōmon* (1950) fue premiada con el León de Oro en el Festival de Cine de Venecia. Después, otros cineastas ilustres siguieron sus pasos, como Shohei Imamura, que examina el comportamiento humano en obras como *Kamigami no Fukaki Yokubo (El profundo deseo de los dioses,* 1968) y Nagisa Oshima con *Ai no corrida (El imperio de los sentidos),* la historia de un amor obsesivo que fue prohibida en varios países cuando se estrenó, en 1976.

Producciones más actuales incluyen *Tampopo* (1985) de Jūzō Itami, una comedia estrafalaria sobre sexo y comida, y la premiada *Zatoichi* (2003), en la que participa el actor y director Takeshi *Beat* Kitano como un samurái ciego. Joyas japonesas del *anime* como *Sen to Chihiro no*

Kamikakushi (El viaje de Chihiro, 2001), de Hayao Miyazaki, se exportan a pantallas de todo el mundo. Obras más recientes incluyen la brillante aunque un tanto deprimente *Dare mo Shiranai (Nadie sabe;* 2004), de Hirokazu Koreeda, basada en la historia real de una madre soltera que abandona a sus cuatro hijos en un apartamento de Tokio.

LITERATURA
A menudo al borde del surrealismo o con una dosis de magia, la literatura contemporánea japonesa, en muchos casos escrita por autores que han pasado la mayor parte de sus vidas en Tokio, supone un vistazo al lado emocional de la vida en la ciudad. El premio Nobel Kenzaburo Ôe, en su obra *Kojinteki na taiken (Una cuestión personal),* cuenta la historia de un hombre atrapado en un conflicto entre libertad y responsabilidad que trasciende las costumbres sociales. La celebrada *Noruwei no mori (Tokio Blues)* de Haruki Murakami relata las vivencias de un estudiante universitario a finales de la década de 1960. De contenido más ligero pero sorprendentemente sólido, *Kitchen* (1998), de Banana Yoshimoto, trata temas superficiales como la comida, la cultura pop y la sexualidad no convencional, dando un giro al existencialismo urbano.

MÚSICA
Se celebran conciertos en directo cada noche en los bares de Tokio, sobre todo en la zona oeste de la ciudad. Se puede encontrar desde *hip-hop* japonés y *punk-rock* hasta *acid jazz.*

Japón tiene un enorme mercado doméstico de discográficas y Tokio forma parte del circuito internacional de conciertos. Muchos artistas reconocidos de todos los géneros contemporáneos y también de música clásica actúan aquí. Junto con los japoneses de exportación, como el compositor Ryūichi Sakamoto y los roqueros Shonen Knife, se encuentran artistas como Buffalo Daughter y el maestro de la mezcla posmoderna Cornelius, que combina *samples* de cantos de aves con música vocal, guitarra y *beats* sintetizados. El veterano *disc jockey* Takkyu Ishino llena locales, y agrupaciones como Dragon Ash y Kreva dotan de sabor japonés al *hip-hop* y al *reggae.*

La música comercial de Tokio se nutre sobre todo de *aidoru* (solistas con numerosos fans) y grupos prefabricados de chicos o chicas, confecciones *J-pop* manufacturadas y endulzadas para el consumo masivo.

ARTES ESCÉNICAS

Se puede ver kabuki *nō* (drama clásico japonés) y *bunraku* (títeres) por toda la ciudad, en teatros que programan actuaciones regulares. Con el *taiko* (tambores japoneses tradicionales) la música se encuentra con las artes marciales y el misticismo.

Tokio también es el centro de la moderna y enigmática danza *butō*. Sus movimientos, extraña iluminación y largos períodos de inactividad suponen una experiencia inolvidable. Se puede consultar la agenda de eventos en el centro de información turística (p. 204) o en las carteleras. Entre las compañías de danza destacan Dairakudakan (www.dairakudakan.com), Sankai juku (www.sankaijuku.com) o Taihen (www.ne.jp/asahi/imaju/taihen), uno de los grupos más impactantes, cuyos miembros tienen importantes discapacidades físicas.

ARTES PLÁSTICAS

El arte contemporáneo de Tokio está en alza. Sus galerías no son pretenciosas y resulta fácil entrar en una muestra y comenzar a conversar con los propios artistas. Diversos espacios de vanguardia distribuidos por toda la ciudad exhiben obras asombrosas, muchas de ellas firmadas por jóvenes promesas de las prestigiosas escuelas de arte.

Los grandes museos suelen acoger obras de artistas reconocidos como Rodin, Renoir, Da Vinci o Degas. Las superestrellas del arte occidental se encuentran en el Museo Nacional de Arte Occidental (p. 140), pero tampoco se debe descartar que aparezcan junto con sus homólogos japoneses en las galerías de arte de unos grandes almacenes. La mayor concentración de pequeñas salas, alrededor de cuatrocientas, se encuentra en Ginza (p. 45).

>DATOS PRÁCTICOS

TRANSPORTE

CÓMO LLEGAR Y SALIR

AVIÓN

Tokio tiene dos aeropuertos principales, el de **Narita** (www.narita-airport.jp.en) y el de **Haneda** (www.tokyo-airport-bldg.co.jp/en). La mayoría de los vuelos internacionales operan a través del primero; y los nacionales, del segundo. Haneda abrió una terminal internacional en el 2010 con una oferta de vuelos nocturnos a varios destinos internacionales. En general, los vuelos a Narita son más económicos, pero el aeropuerto está bastante más lejos del centro que Haneda. El de Narita cuenta con dos terminales distintas, separadas por un recorrido de cinco minutos en tren. Se recomienda ponerse en camino cuatro horas antes del vuelo.

A/desde el aeropuerto de Narita

El aeropuerto de Narita está a 66 km del centro de Tokio y lo emplean la mayoría de líneas internacionales.

Según adónde se dirija el viajero, es más económico y rápido ir a Tokio en tren que en autobús limusina. Sin embargo, quizá tenga que cambiar de tren y esto puede ser complicado en una primera visita. El servicio de autobús ofrece rutas directas a varios hoteles y no hay que ser huésped de uno de ellos para utilizarlo. Un taxi a Narita cuesta 30 000 ¥.

Se necesita entre una y dos horas para desplazarse a/desde Narita.

Narita Express (N'EX; www.jreast.co.jp/e/nex/index.html) Conecta el aeropuerto con la estación de Tokio (2940 ¥, 53 min), la de Shin-

---

EL CAMBIO CLIMÁTICO Y LOS VIAJES

Viajar, y sobre todo en avión, contribuye a agravar el problema del cambio climático y amenaza seriamente los ecosistemas de los que dependen los seres humanos. Lonely Planet cree que limitar el impacto personal respecto al calentamiento global es una responsabilidad de todos. Es por ello que Lonely Planet, junto a Rough Guides y otros socios concienciados de la industria de los viajes, apoya el proyecto Climate Care, que permite al usuario compensar la contaminación producida por los gases de efecto invernadero de los que es responsable con contribuciones a operaciones de ahorro energético y otras iniciativas ambientales en el mundo desarrollado. Lonely Planet compensa todos los viajes de su personal y de los autores de sus guías.

Consúltese www.lonelyplanet.com para más información. El portal www.climatecare.org dispone de una calculadora de carbono y de más detalles sobre esta iniciativa.

QUEDARSE UN POCO MÁS

Las escapadas cortas son buenas para desconectar, pero el transporte aéreo tiene efectos nocivos para el calentamiento global. Así que, con la excusa de disminuir el impacto climático, el viajero puede tomarse unas vacaciones más largas. Si uno opta por quedarse unos días más, puede hacer una excursión al encantador pueblo de montaña Hakone, cerca del monte Fuji, o visitar los templos, santuarios y la gran estatua de Buda de Kamakura. O incluso recorrer Japón en sus excelentes ferrocarriles.

juku (3110 ¥, 1½ h), la de Ikebukuro (3110 ¥, 1 h 40 min; servicio limitado) y la de Yokohama (4180 ¥, 1½ h). N'EX circula cada media hora de 7.00 a 22.00. Los asientos son siempre con reserva, pero pueden comprarse justo antes de salir. Los trenes locales 'Airport Narita' cuestan 1280 ¥ y tardan 1½ h al/desde Tokio.
Keisei Skyliner (www.keisei.co.jp) El tren directo Sky Access (2400 ¥, 45 min) lleva al aeropuerto con todo confort. La línea principal Keisei (1000 ¥, 1½ h) es su versión local (y lenta). Si se hace transbordo a/desde la línea JR Yamanote, se accede al tren desde la estación de Nippori; los que llegan en metro deben usar la de Ueno.
Autobús limusina (www.limousinebus. co.jp/en) Prácticos autobuses lanzadera del aeropuerto conectan Narita con los principales hoteles y estaciones de metro (3000 ¥, 1½-2 h). Salen cada hora.
Línea Keikyu Circula entre los aeropuertos de Narita y Haneda (1560 ¥; 2 h), aunque hay que hacer transbordo a/desde la línea Keisei en la estación de Aoto.

Cab-Station Co (www.cab-station.co.jp) Han anunciado descuentos en sus trayectos en autobús entre Narita y Asakusa. La tarifa de 1000 ¥ es para mochileros.

A/desde el aeropuerto de Haneda

Desde el centro de la ciudad se tarda menos en llegar a Haneda que a Narita. Circulan autobuses entre ambos aeropuertos (3000 ¥, 1¼ h). Un taxi cuesta 6000 ¥.
Monorraíl de Tokio Conexión directa con Haneda desde la estación de Hamamatsuchō en la línea JR Yamanote (470 ¥, 25 min).
Línea Keikyu Sale desde la estación de Shinagawa. Hay que bajar en la estación de Keikyu Haneda (400 ¥, 16 min).
Autobús limusina (www.limousinebus. co.jp/en) Conecta puntos principales como la estación de Tokio (900 ¥) con el aeropuerto.

TREN

Los famosos *shinkansen* (trenes bala) de Japan Railways (JR) dan servicio al norte de Honshū, al centro y al oeste de Japón y a Kyūshū. Los más lentos y no tan caros *tokkyū* (semidirectos), *kyūko* (directos) y *futsū* (normales) son opciones en cada ruta entre ciudades, pero no los usa mucha gente en trayectos largos. Las tarifas de ida con asiento reservado de *shinkansen* en trenes *nozomi* (los que tienen menos paradas) son 13 520 ¥ de Kioto a Tokio, 17 170 ¥ de Fukuoka a Tokyo, y 14 050 ¥ de Osaka a Tokio. Las principales estaciones son las de Tokio (plano pp. 46-47, E5) y Ueno (plano p. 139, C4).

Las líneas privadas que parten de las estaciones de la línea Yamanote son las más rápidas y económicas para ir a Kamakura, el monte Fuji, Hakone y Yokohama. Conectan con las estaciones de Shinjuku (plano p. 119, B4) y Shibuya (plano p. 91, C4). La línea Tōbu hacia Nikkō sale desde la estación de Asakusa (plano p. 147, C4).

AUTOBÚS
Los autobuses de larga distancia suelen llegar a la estación de Tokio (plano pp. 46-47, E5), cerca de la salida Yaesu sur. También parten autobuses de la estación de Shinjuku (plano p. 119, B4). La línea **JR** (☎ 3844 1950) lleva a Osaka y Kioto; los billetes se adquieren en las oficinas de las principales estaciones.

VISADO
Ciudadanos de 61 países, incluidos España, EE UU, Argentina, Chile o México, no necesitan visado para entrar en Japón y permanecer menos de 90 días (en los casos de Colombia y Perú no es necesario pero se recomienda). Consúltese www.mofa.go.jp/j_info/visit/visa/short/novisa.html para un listado completo de países exentos de visado.

CÓMO DESPLAZARSE
Tanto quienes visitan Tokio por unos días como los residentes aprovechan el excelente sistema subterráneo de líneas de tren JR, especialmente la línea Yamanote, que recorre el centro de la ciudad. Las líneas del metro de Tokio (www.tokyometro.jp) están codificadas por colores y la habitual presencia de señales en inglés hace sencillo su uso. Tren y metro son puntuales y frecuentes.

DIRECCIONES ESQUIVAS
En Tokio, encontrar un lugar solo por la dirección es todo un desafío. Aparte de las *dōri* (calles principales), muy pocas vías urbanas tienen nombre. La clave está en el contexto. Por ejemplo, una dirección escrita como 1-11-2 Ginza, Chūō-ku en esta guía significa que el sitio está en el distrito Chūō, en el *chōme* (zona que abarca varias manzanas) 1 de Ginza, manzana 11, edificio 2 de esa calle.

Los números de *chōme*, manzana y edificio no aparecen necesariamente en el orden lógico, así que es mejor usar un plano (el *Tokyo City Atlas*, bilingüe y publicado por Kodansha, resulta imprescindible si se planea pasar un tiempo en Tokio). La mayoría de los establecimientos incluyen mapas sencillos en sus tarjetas. Otra solución es preguntar en un *kōban* (puesto de policía), donde los amables agentes pasan la mayor parte de su tiempo indicando direcciones.

DATOS PRÁCTICOS

En esta guía, las estaciones más cercanas están señaladas con 🚃 (para Yamanote y transporte terrestre) y 🚇 (para líneas subterráneas).

BONOS

El abono combinado de Tokio de un día es válido para todas las líneas de tren, metro y autobús del área metropolitana de Tokio. Cuesta 1580 ¥ (790 ¥ para niños de entre 6 y 11 años) y se puede comprar en las taquillas de la mayoría de las estaciones de JR y en las paradas principales de metro, como Ginza, Nihombashi y Shinjuku.

Los viajeros que se queden más tiempo deben considerar la compra de una tarjeta Pasmo o Suica, válidas en las líneas de JR y de metro, así como en algunas líneas ferroviarias de Tokio. Con ellas se evita el peligro de equivocarse con los transbordos, pues calculan la tarifa cada vez que se valida en una estación.

Las tarjetas Pasmo se venden en máquinas expendedoras en la mayoría de las estaciones de metro por valor de 1000, 3000 o 5000 ¥. Las Suica se pueden comprar en las ventanillas de JR previa fianza de 500 ¥. Se recargan en las máquinas de billetes de JR.

TREN

Tokio dispone de una combinación de JR, líneas de metro y líneas pri-

vadas suburbanas. Los trenes funcionan de 5.00 a 24.00. La línea más útil es la JR Yamanote, que se amplía gracias a las líneas Chūo y Sōbu. Las tarifas comienzan en 130 ¥ y los mapas verdes sobre las máquinas expendedoras indican los precios. Si los mapas no están en inglés, lo mejor es comprar el billete mínimo y pagar la diferencia en la máquina de reajuste cuando se llegue al destino. Para más información sobre trenes en inglés, se puede llamar a la **línea de información en inglés de JR** (☎ 050-2016 1603; 🕐 10.00-18.00 lu-vi).

METRO

En Tokio hay 13 líneas de metro, cuatro operadas por TOEI y nueve por Tokyo Metro. El precio del billete de Tokyo Metro es a partir de 160 ¥; el de TOEI, 170 ¥. Las tarifas dependen de la distancia; si se recorren ocho estaciones o más, el precio del billete sube a 190 ¥ (210 ¥ si es TOEI).

Las expendedoras automáticas de billetes que operan en inglés están en todas las estaciones. Si no se puede calcular cuánto cuesta el billete, hay que comprar el de precio mínimo y pagar la diferencia en una máquina de ajuste de tarifas al llegar al destino. El metro funciona de 5.30 a 24.00.

TAXI

Las tarifas comienzan en 710 ¥ los primeros 2 km, y luego se

RUTAS DE METRO RECOMENDADAS

	A Ginza	A Shinjuku	A Shibuya	A Roppongi	A Asakusa
Desde Ginza	n/d	línea Marunouchi (16 min)	línea Ginza (15 min)	línea Hibiya (10 min)	línea Ginza e (17 min)
Desde Shinjuku	Marunouchi (16 min)	n/d	línea JR Yamanote (7 min)	línea Toei Ōedo (9 min)	Marunouchi línea Marunouchi Akasaka-mitsuke, transbordo a línea Ginza
Desde Shibuya	línea Ginza (15 min)	línea JR Yamanote (7 min)	n/d	línea Hanzōmon a Aoyama-itchōme, transbordo a línea Toei Ōedo (12 min)	línea Ginza (32 min)
Desde Roppongi	línea Hibiya (10 min)	línea Toei Ōedo (9 min)	línea Toei Ōedo transbordo a línea Hanzōmon (12 min)	n/d	línea Toei Ōedo a transbordo a línea Asakusa (28 min)
Desde Asakusa	línea Ginza (17 min)	línea Ginza a Akasaka-mitsuke, transbordo a línea Marunouchi (36 min)	línea Ginza (32 min)	línea Toei Asakusa a Daimon, transbordo a línea Toei Ōedo (28 min)	n/d

van sumando 90 ¥ cada 300 m. Existe un suplemento del 20% de 22.00 a 5.00. También se pueden ir sumando unos 100 ¥ cada dos minutos en un típico atasco de Tokio.

La ocupación del taxi se indica con una luz roja, verde significa que hay recargo por nocturnidad y amarillo que está disponible. Las puertas automáticas de los taxis se cierran cuando se entra o se sale. Se le puede dar al taxista el número de teléfono del lugar al que se va para que lo introduzca en el GPS y obtenga automáticamente la ubicación.

AUTOMÓVIL Y MOTOCICLETA

En una estancia corta en Tokio es raro que se necesite un coche, teniendo en cuenta el increíble sistema de trenes y la congestión del tráfico. Para alquilar un automóvil hay que asegurarse de llevar una licencia internacional, además del permiso de conducir del propio país.

Las tarifas de coches pequeños suelen ser de 8000 o 9000 ¥ el primer día y de 5500 a 7000 ¥ a partir del segundo. Además, se cobran otros 1000 ¥ por día para el seguro. El kilometraje acostumbra a ser ilimitado.

Respecto a las compañías, destacan:

Mazda Rent-a-Lease (☎ 5286 0740)
Nippon Rent-a-Car (☎ 3485 7196)
Toyota Rent-a-Lease (☎ 3264 0100)

BARCO
Los autobuses acuáticos suponen una manera diferente y original de ver Tokio, ya sea como opción para salvar un trayecto corto o en un paseo relajado. Las líneas de **Suijo Bus** (plano p. 147, C4; ☎ 3841 9178; www.suijobus.co.jp/english/index.html; Azumabashi-mae, Asakusa, Taitō-ku; desde 720 ¥; ⏰ 9.55-19.10, horario según temporada; Ⓜ líneas Ginza y Toei Asakusa a Asakusa, (salidas 4 y A5))

pueden trasladar al viajero desde Asakusa hasta el centro de Tokio y después a Odaiba.

LO BÁSICO
HORARIO COMERCIAL
Bancos 9.00-15.00 lu-vi, 8.00-12.00 sa, cerrado festivos.
Bares 18.00-24.00 o más tarde, cierran un día a la semana.
Grandes almacenes 10.00-19.00, cierran uno o dos días al mes.
Museos 9.30-16.30
Oficinas 9.00-17.00 o 18.00 lu-vi
Oficinas de correos 9.00-17.00 lu-vi (principales oficinas de correos 9.00-19.00 lu-vi y 9.00-15.00 sa)
Oficinas públicas 9.00-12.00 y 13.00-17.00 lu-vi
Restaurantes 11.30-14.30 y 18.00-22.30 (restaurantes familiares 11.30-23.30)

CLIMA Y CUÁNDO IR
La primavera (mar-may) y el otoño (sep-nov) son las estaciones más

---

INFORMACIÓN ÚTIL
> Electricidad: 100V 50Hz AC, enchufes de dos clavijas planas.
> Medidas: Japón utiliza el sistema métrico internacional.
> Periódicos y revistas: *Japan Times, Daily Yomiuri* y *Asahi/International Herald Tribune* son periódicos en inglés disponibles en quioscos de estaciones o cercanos a estas. *Metropolis* es una excelente revista semanal gratuita que sale los viernes. Se la encuentra en cafés y librerías de toda la ciudad.
> Radio: InterFM en el 76.1FM emite noticias e información cotidiana sobre todo en inglés y en otros siete idiomas, como español y chino.
> Horario: Japón va 9 horas por delante del GMT (+9GMT). No se cambia el horario.
> Televisión: NHK es el canal gubernamental; sus informativos de las 19.00 y 21.00 son bilingües. CNN y BBC World Service se sintonizan en los hoteles más importantes.

amables. Los tifones suelen producirse en septiembre y octubre. El verano es caluroso y húmedo, con temperaturas que alcanzan los 30ºC. La temporada de lluvias, *tsuyu*, en junio, implica varias semanas de lluvia torrencial. En invierno el clima es bueno, con cielos claros y soleados y nevadas ocasionales. Se recomienda evitar las fiestas más importantes como la Semana Dorada (29 abr-5 may) y el festival O-bon (mediados ago). La ciudad parece cerrar por Año Nuevo (29 dic-6 ene aprox.).

DESCUENTOS

No suelen ofrecerse descuentos en los puntos de interés turístico, aunque sí tarifas especiales para niños y a veces los más pequeños entran gratis. Un carné de estudiante internacional permitirá billetes a precio reducido en muchos museos y en trenes de larga distancia. Las personas mayores obtienen descuentos en algunos lugares y las aerolíneas japonesas (JAS, JAL y ANA) también les ofrecen sus vuelos un 25% más baratos.

En esta guía, los precios están ordenados de la siguiente forma: adultos/estudiantes/niños de 6-12 años/niños menores de 6 años; habitualmente, una referencia del estilo 1000/500¥ se refiere a precios adultos/niños.

Si se va a estar un tiempo en Tokio y se van a visitar exposiciones,

el pase Grutt (p. 143) es una buena inversión. Ofrece entrada gratis o con descuento a casi cincuenta museos y zoológicos.

URGENCIAS

La criminalidad violenta y el robo, aunque existen, no son habituales en Tokio, así que las precauciones son las mismas que en cualquier otra parte. Las mujeres deben tener cuidado con los *chikan* (sobones de los trenes) que operan en vagones abarrotados. Gritar *"chikan"* puede ser suficiente para avergonzarle, pero hay que asegurarse de que no es una situación derivada de la excesiva aglomeración.

Aunque la mayoría de operadores de emergencias de Tokio no hablan inglés, inmediatamente remitirán al viajero a alguien que lo hable. Para asistencia gratuita en inglés se puede contactar con la **Japan Helpline** (☎ 0120-461 997; ☾ 24 h) o la **Tokyo English Life Line** (☎ 5774 0992; www.telljp.com; ☾ 9.00-23.00).

Otros números de utilidad:
Ambulancia ☎ 119
Bomberos ☎ 119
Policía ☎ 110

SALUD

Los hospitales listados a continuación tienen personal que habla inglés y departamentos de accidentes y urgencias con aten-

DATOS PRÁCTICOS

ción las 24 horas. Se recomienda contratar un seguro de viaje que cubra los posibles tratamientos médicos. La asistencia sanitaria se encuentra entre las mejores del mundo, pero también resulta de las más caras.

Se recomienda:

Centro médico de la Cruz Roja japonesa (Nihon Sekijūjisha Iryō Sentā; plano pp. 68-69, B6; ☎ 3400 1311; www.med.jrc.or.jp; 4-1-22 Hiro-o, Shibuya-ku; ⊕ línea Hibiya a Hiro-o, salidas 1 y 2)

Hospital Internacional de St Luke (Seiroka Byōin; plano pp. 46-47, F7; ☎ 3541 5151; www.luke.or.jp; 9-1 Akashichō, Chūō-ku; ⊕ línea Hibiya a Tsukiji, salidas 3 y 4)

Clínica médicoquirúrgica de Tokio (plano pp. 68-69, G6; ☎ 3436 3028; www.tmsc.jp; 2F, edificio 32 Shiba-kōen, 3-4-30 Shiba-kōen, Minato-ku; ⊕ línea Toei Mita a Onarimon, salida A1)

FARMACIAS

Son fáciles de encontrar y algunas tienen tablas bilingües con síntomas en inglés y japonés. El personal de las siguientes habla inglés:

American Pharmacy (plano pp. 46-47, D5; ☎ 5220 7716; B1F, edificio Marunouchi, 2-4-1 Marunouchi, Chiyoda-ku; ⌚ 9.00-21.00 lu-vi, 10.00-21.00 sa, 10.00-20.00 do; ⊕ línea Marunouchi a Tokio, salida 4)

National Azabu Supermarket (plano pp. 68-69; ☎ 3442 3181; 4-5-2 Minami-Azabu, Minato-ku; ⌚ 9.30-19.00; ⊕ línea Hibiya a Hiro-o, salidas 1 y 2).

FESTIVOS

Cuando un festivo cae en domingo, el lunes siguiente se toma como día de fiesta. Si una tienda permanece abierta un festivo, probablemente cierre al día siguiente.

Año Nuevo 1 de enero
Día de la Mayoría de Edad Segundo lunes de enero
Día de la Fundación de Japón 11 de febrero
Día del Equinoccio de Primavera 21 de marzo
Día Verde 29 de abril
Día de la Constitución 3 de mayo
Día de los Niños 5 de mayo
Día de la Marina Tercer lunes de julio
Día del Respeto a los Mayores Tercer lunes de septiembre
Día del Equinoccio de Otoño 23 de septiembre
Día del Deporte Segundo lunes de octubre
Día de la Cultura 3 de noviembre
Día de Acción de Gracias por el Trabajo 23 de noviembre
Cumpleaños del Emperador 23 de diciembre

INFORMACIÓN Y ORGANIZACIONES

Se recomienda contactar con el **Sevicio de voluntarios de idioma de la Cruz Roja** (plano pp. 68-69, H5; ☎ 3438 1311; http://accessible.jp/tokyo/en; 1-1-3 Shiba Daimon, Minato-ku) para obtener la guía *Accessible Tokyo*, o buscar en su página web información detallada.

INTERNET

ACCESO

Para conocer los bares y cafés que ofrecen wifi gratis, consúltese

Freespot (www.freespot.com/users/map_e.
html). Además, muchos hoteles de
categoría media ofrecen acceso
LAN en las habitaciones aunque
pueden cobrar una tasa por su uso.

Como alternativa se puede
hacer como los tokiotas y dirigirse
a un *manga kissa* (p. 130).

Cibercafés recomendados:
Aprecio (plano p. 119, C2; ☎ 3205 7336;
www.aprecio.co.jp; B1F, plaza Hygeia, 2-44-1
Kabukichō, Shinjuku-ku; primeros 30 min 300
¥, 10 min siguientes 100 ¥; ⏰ 24 h; 🚇 línea
JR Yamanote a Shinjuku, salida este) Este
limpio y confortable local de Kabukichō ofrece
lo habitual con salas para fumadores y no
fumadores, además de servicios de belleza y
masajes, billares y dardos.
Bagus Gran Cyber Cafe (plano p. 91, B3;
☎ 5428 3676; www.bagus-99.com/netcafe;
6ª planta, 28-6 Udagawachō, Shibuya-ku;
1500 ¥/8 h; ⏰ 24 h; 🚇 línea JR Yamanote a
Shibuya, salida Hachikō) Cuenta con sucursales
por toda la ciudad.

WEBS ÚTILES
La página web de LP (www.lonelypla-
net.com) ofrece una lista de enlaces
a muchos sitios de Tokio. Destacan
también los siguientes:
Hyperdia (www.hyperdia.com)
Metropolis (www.metropolis.co.jp)
Tabelog (http://r.tabelog.com/tokyo) En
japonés.
Tokyo Art Beat (www.tokyoartbeat.com)
Tokyo Food Page (www.bento.com/
tokyofood.html)
**Oficina Comercial de la Embajada de
España en Japón** (http://japon.oficinasco-
merciales.es)

IDIOMA
Nota: las letras entre corchetes no
se pronuncian.

CONVERSACIÓN
Hola.	*konnichiwa.*
Adiós.	*sayonara.*
¿Cómo está?	*o-genki des[u] ka?*
Estoy bien.	*genki des[u].*
Disculpe.	*sumimasen.*
Sí.	*hai.*
No.	*iie.*
Gracias.	*dōmo (arigatō).*
De nada.	*dō itashimashite.*
¿Habla [usted] inglés?	*eigo ga hanase mas[u] ka?*
No comprendo.	*wakarimasen.*

GASTRONOMÍA
¡Esto estaba delicioso!	*oishikatta*
Soy vegetariano/a.	*watashi wa bejitarian des[u].*
La cuenta, por favor.	*(o-kanjō/o-aiso) o onegai shimas[u].*

Platos típicos
kabayaki	pinchitos de anguila a la parrilla
katsu-don	chuletas de cerdo con arroz
okonomiyaki	tortita estilo japonés
tempura	una selección de *moriawase* tempura

zaru soba   fideos de trigo
               sarraceno fríos
               con algas marinas

COMPRAS

¿Cuánto cuesta? *ikura des[u] ka?*
Eso es   *taka-sugi mas[u]*
  demasiado
  caro.

URGENCIAS

Me siento mal. *kibun ga warui*
                  des[u]
¡Ayuda!   *tas[u]kete!*
Llame a   *keisatsu o yonde*
  la policía.   *kudasai!*
Llame a una   *kyūkyūsha o*
  ambulancia.   *yonde*

DÍAS Y NÚMEROS

hoy   *kyō*
mañana   *ash[i]ta*
ayer   *kinō*

0	*zero/rei*
1	*ichi*
2	*ni*
3	*san*
4	*yon/shi*
5	*go*
6	*roku*
7	*nana/shichi*
8	*hachi*
9	*kyū/ku*
10	*jū*
11	*jūichi*
12	*jūni*
13	*jūsan*
14	*jūyon/jūshi*

20	*nijū*
21	*nijūichi*
30	*sanjū*
100	*hyaku*
1000	*sen*
10000	*man*

DINERO

A pesar de su estatus de ciudad
rica y moderna, Tokio aún basa su
economía en el dinero en efectivo.
Hoteles y restaurantes de categoría
aceptan tarjetas de crédito, pero no
ocurre lo mismo en otros lugares.
Aunque generalmente es seguro
llevar grandes cantidades de dinero
en Tokio, es mejor contar solo con
lo necesario para pequeños gastos.
Se debería que calcular un gasto
de entre 5000 y 8000 ¥ diarios para
comida, transporte y entradas.

MONEDA

La moneda en Japón es el yen (¥).
Existen monedas de 1, 5, 10, 50,
100 y 500 ¥; y billetes de 1000,
2000, 5000 y 10000 ¥. Las nuevas
monedas de 500 ¥ no se aceptan
en algunas máquinas.

CHEQUES DE VIAJE

Existen pequeñas diferencias de
comisión entre bancos y hoteles.
Son preferibles los cheques en
yenes o dólares americanos.

TARJETAS DE CRÉDITO

Visa, MasterCard, Amex y Diners
Club se aceptan en casi todas par-

tes (siempre que admitan tarjetas de crédito, claro). Para cancelaciones o asistencia las 24 horas, hay que llamar a:
American Express (☎ 0120-020 120)
MasterCard (☎ 00531-113 886)
Visa (☎ 0053-111 1555)

CAJEROS AUTOMÁTICOS
Las oficinas de correos de Tokio cuentan con cajeros que aceptan tarjetas internacionales y abren de 9.00 a 17.00 de lunes a viernes. Además, la mayoría de las tiendas de 24 horas disponen de cajeros. Citibank es la mejor opción en cajeros de 24 horas que aceptan tarjetas internacionales; se hallan, entre otros barrios, en Shinjuku, Ginza y Roppongi.

TELÉFONO
Las llamadas locales cuestan 10 ¥ los primeros 30 minutos y, después, 10 ¥ por minuto. Se venden tarjetas telefónicas en los quioscos, con valores de 500 y 1000 ¥, y son la mejor opción para llamadas locales e internacionales.

La red de telefonía móvil usa el estándar CDMA, incompatible con el sistema GSM utilizado en Europa y América. **Softbank** (www.softbank.jp) ofrece tarjetas SIM de prepago, pero se debe disponer de un teléfono Softbank. Se puede comprar uno de segunda mano o uno a precio razonable en la tienda Softbank. Las tarjetas de

prepago son de 3000 y 5000 ¥. En la tienda Softbank del cruce de Roppongi hay dependientes con buen nivel de inglés.
DoCoMo (☎ 0120-680 100; www.movile-rental.jp/english/index.html)
GoMobile (☎ 5405 2298;www.gomobile.co.jp)
Pupuru (☎ 052-957 1801; www.pupuru.com/en/index_en.html)
Rentafone (☎ 0120-746 487; www.rentafonejapan.com)
Softbank (☎ 3560 7730; www.softbank-rental.jp)

PREFIJOS
Japón ☎ 81
Tokio ☎ 03

TELÉFONOS ÚTILES
Guía telefónica internacional ☎ 0057
Operadora internacional ☎ 0051
Guía telefónica local ☎ 104
Cobro revertido ☎ 0051

PROPINAS
No es costumbre dejar propina en Japón. Normalmente se cobra un extra por el servicio (10-20%) en los restaurantes y hoteles de mayor categoría.

LAVABOS PÚBLICOS
Se pueden encontrar servicios públicos por todas partes. Suelen ser de alta tecnología, equipados con bidé, secador y efectos de sonido para enmascarar los ruidos indecorosos.

DATOS PRÁCTICOS

INFORMACIÓN TURÍSTICA
Centro de información turística JNTO
(plano pp. 4647, E6; www.jnto.go.jp; 10F
edificio Kōtsu Kaikan 2-10-1 Yūrakuchō,
Chiyoda-ku; 🕑 9.00-17.00; 🚇 línea JR
Yamanote a Yūrakuchō) El principal centro de
información turística de la JNTO se halla justo a
la salida de la estación Yūrakuchō. Cuenta con
la información más completa para viajar por
Tokio y Japón. El edificio Kōtsu Kaikan queda
frente a la estación al salir por la derecha.
Centro de información turística de Tokio
(plano p. 119, A3; www.tourism.metor.tokyo.
jp; 1F, edificio del Gobierno Metropolitano
de Tokio 1 2-8-1 Nishi-Shinjuku, Shinjuku-
ku; 🕑 9.30-18.30; 🚇 línea Toei Ōedo a
Tochōmae, salida A4) Dirigido por el gobierno
municipal, es práctico para obtener información local. Dispone de numerosos folletos y
acceso a internet. Cuenta con una sucursal en
la entrada de las vías de Keisei en la estación
de Ueno.
**Centro de información turística de Asaku-
sa** (plano p. 147, C3; 2-18-9 Kaminarimon,

Taitō-ku; 🕑 9.30-20.00; 🚇 líneas Ginza y
Asakusa a Asakusa, salida 2) Organiza circuitos
gratuitos por el barrio. El personal que habla
inglés trabaja de 10.00 a 17.00. Cuando se
redactó esta guía el centro estaba en obras; su
ubicación temporal era 50 m más arriba.

VIAJEROS CON DISCAPACIDADES
El tamaño y la complejidad de
Tokio dificultan el viaje a las
personas con movilidad reducida,
invidentes o con discapacidad
auditiva. La parte positiva es que
la actitud hacia la gente con ne-
cesidades especiales ha mejorado
en las últimas dos décadas y las
nuevas edificaciones cuentan con
excelentes instalaciones.

El icono 🦽 en esta guía indica
la accesibilidad con silla de ruedas
o para las personas con alguna
discapacidad.

w³. Metropolis . co . jp
w³. tokyo . to

Karaoke   Izakaya

Sentō (baños públicos)

>ÍNDICE

Véanse también los subíndices Ver *(p. 215),* Compras *(p. 213),* Comer *(p. 212),* Beber *(p. 211) y* Ocio *(p. 214).*

La **negrita** indica los mapas

Y **BEBER**
Bares

La **negrita** indica los mapas

🍴 COMER

ÍNDICE

La **negrita** indica los mapas